# 盤山過嶺

## 林欣榮教授創新之路

主述——林欣榮
撰文——涂心怡

# 作者簡介

## 主述 林欣榮

現職

· 佛教慈濟醫療財團法人花蓮慈濟醫院 院長
· 世界神經移植及再生醫學會 理事
· 美國細胞移植再生醫學雜誌（CELL TRANSPLANTATION）主編
· 美國醫學暨生物工程學院（AIMBE）院士
· 美國國家發明家（NAI）院士
· 美國科學促進會（AAAS）院士
· 亞洲神經再生學會 理事
· 國際外科學會中華民國總會 名譽理事
· 臺灣外科醫學會 理事
· 臺灣健康醫學學會 理事
· 臺灣神經外科醫學會 名譽理事
· 中華民國中西結合神經醫學會 名譽理事
· 臺灣海峽兩岸醫事交流協會顧問及生物科技發展委員會 主委
· 行政院科技部外科組、幹細胞組複審委員
· 經濟部生物科技研究 審查委員
· 經濟部業界科專、學界科專 審查委員
· 考選部國家考試題庫命題小組委員兼召集人
· 國家型生物技術及產業獎 審查委員
· 國際生技醫療產業策進會 理事
· 工業技術研究院 諮詢委員

學歷

· 國防醫學院 醫學系
· 美國杜蘭大學醫院管理碩士（Master of Medical Management）
· 美國紐約州立大學神經外科及生理學博士

經歷

· 花蓮慈濟醫院 院長
· 臺南市立安南醫院 院長
· 中國醫藥大學北港附設醫院 院長
· 中國醫藥大學附設醫院 神經精神醫學中心 副院長

## 撰文 凃心怡

臺南市北門區人，一個連魚的品種都張冠李戴的漁村女兒。傳播系畢業之後開始靠著一支筆走跳生活，著有《彩虹上的鑽石——南非》、《落地生根 否極泰來》、《來自非洲的33封信》。在一次美麗的意外中，栽入童言童語的寫作世界，著有《元氣早餐店》、《童話大師的故事》、《爐火婆婆的美味食堂》、《哎唷！我的耳朵好痛！》；書寫童書的同時，也看見心中那不曾消失的漁村小女孩。

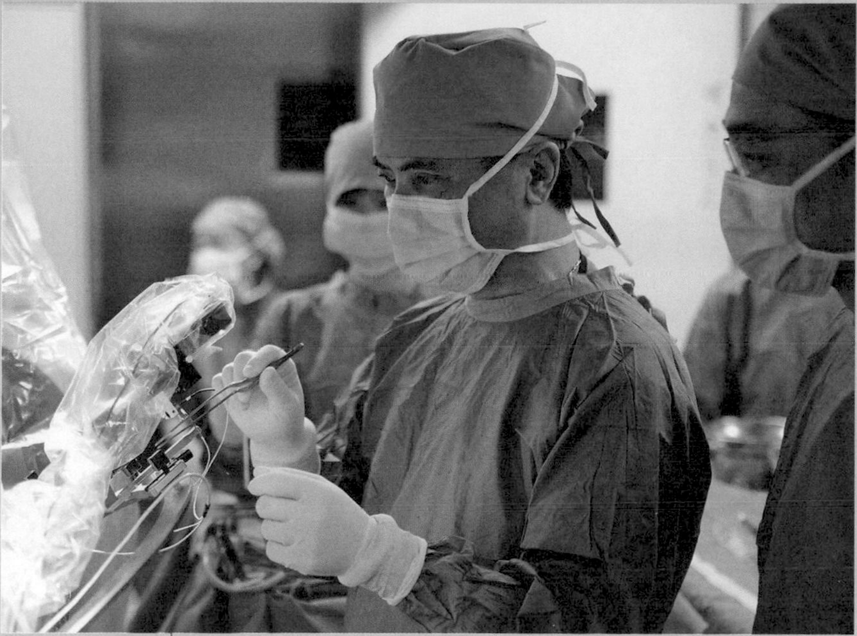

林欣榮院長帶領巴金森團隊為病人放置晶片。

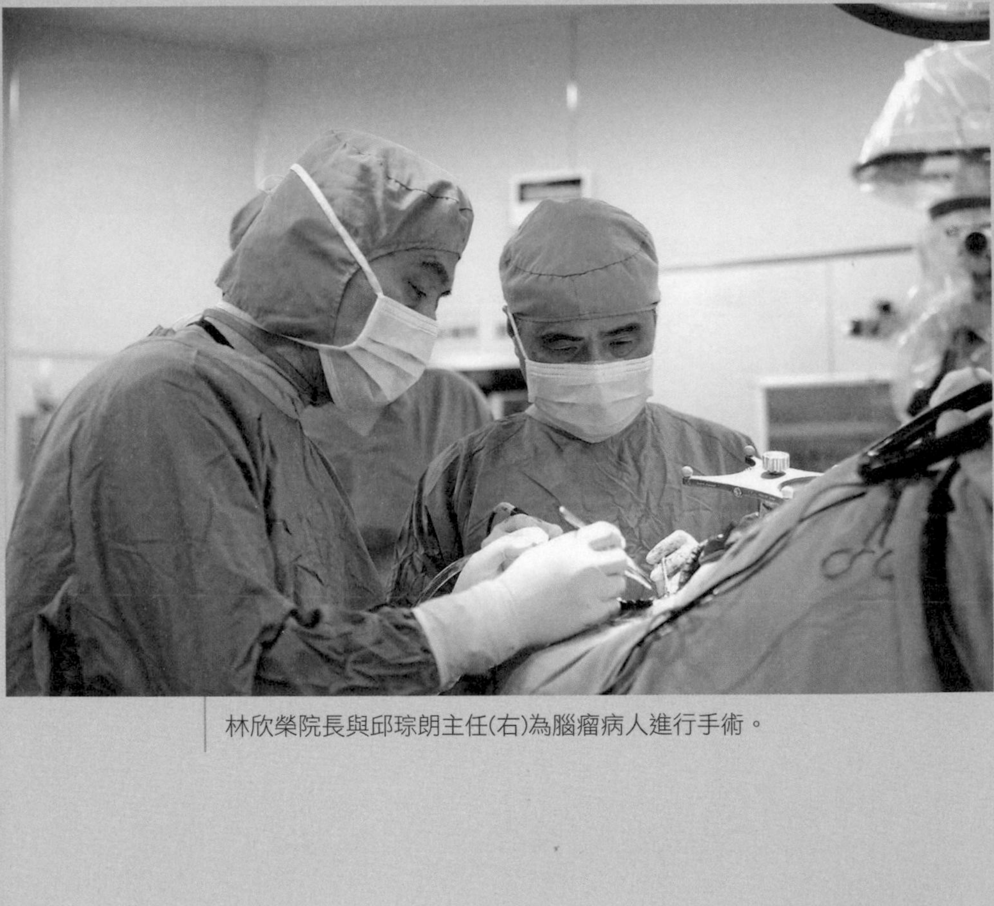

林欣榮院長與邱琮朗主任(右)為腦瘤病人進行手術。

林欣榮院長接受美國醫學暨生物工程學院（AIMBE）新科院士任命。

林欣榮院長獲選為美國國家發明家（NAI）院士。

花蓮慈濟醫院為淋巴瘤患者王國文及其妻舉行婚禮，邀請林欣榮院長擔任證婚人。（黃秀花攝）

林欣榮院長為父親進行「鑰匙孔手術」，順利完成後舉行記者會。

2004年印尼蘇門答臘發生強震，引發大海嘯，造成十二國傷亡慘重。慈濟於多國舉行義診，林欣榮院長在斯里蘭卡的克難診間為病患解說病情。（林炎煌攝）

印尼義診結束後，林欣榮院長協助老弱婦孺搬運大米回家。
（林炎煌攝）

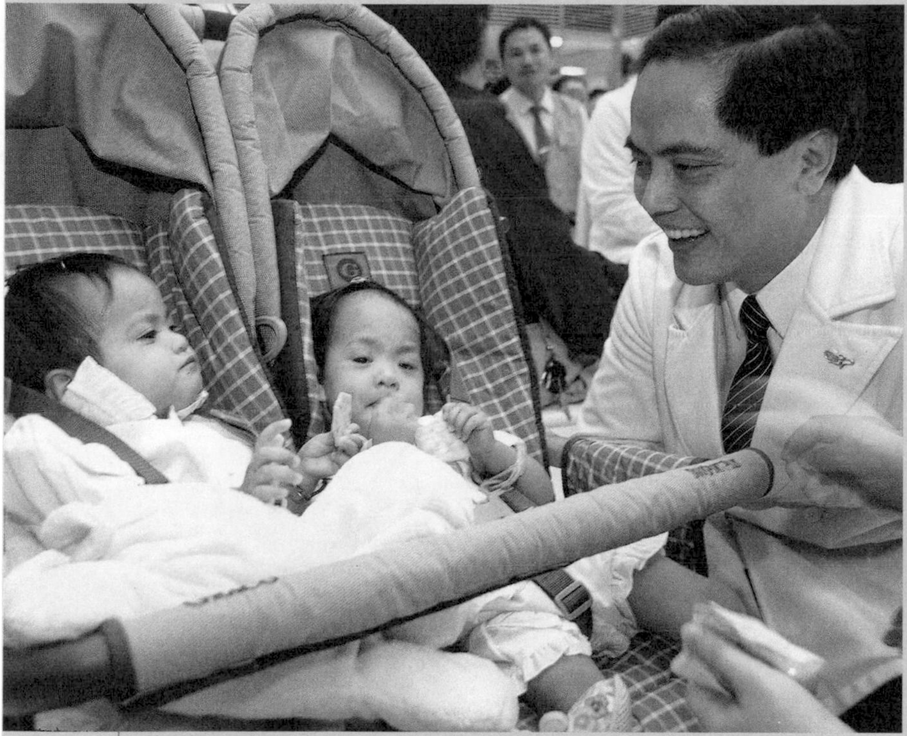

菲律賓連體嬰Lea Awel（莉亞－慈愛）、Rachel Awel（瑞秋－慈恩）在慈濟醫院成功完成分割手術。在出院記者會上，林欣榮院長為兩位小寶寶健康出院而開心。（顏霖沼攝）

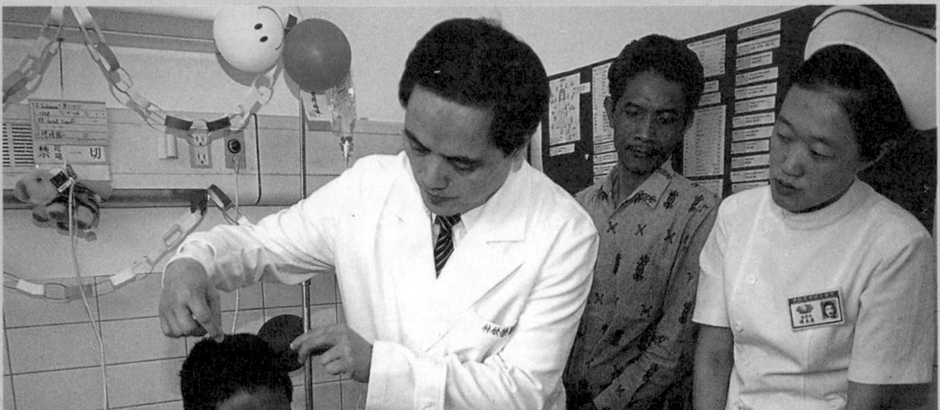

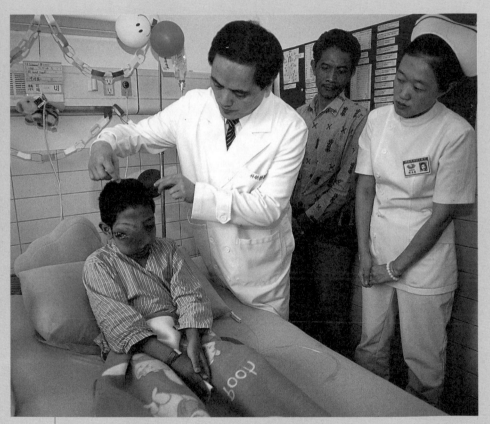

印尼十五歲少年蘇霏安（Sofyan Sukmana），因罹患「纖維性再生不良症」而致眼球外凸、右眼無法閉闔，在印尼慈濟人協助下來臺診治；林欣榮院長為其做各項檢查。（邱淑絹攝）

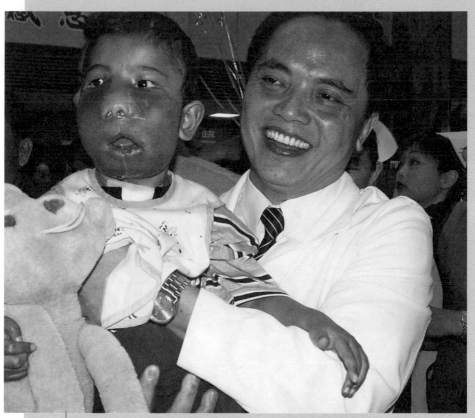

印尼諾文狄（Novemthree Siahaan）至花蓮慈院移除腫瘤；在出院感恩歡送會上，林欣榮院長歡喜諾文狄「變臉」成功。（楊青蓉攝）

印尼蘇霏安及諾文狄一同前來臺灣複診；經過二個星期的檢查後，可以返回家鄉，醫護同仁特別為兩人舉辦歡送會。（林宜龍攝）

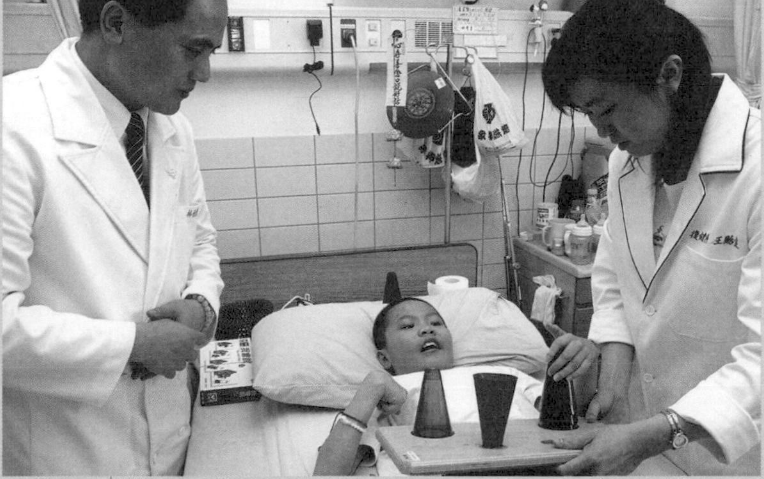

花蓮慈濟醫院為罹患遺傳性腦神經系統退化疾病的新加坡潘氏兄妹潘勁揚、潘姿齊進行治療。林欣榮院長與職能治療師王貽宣，協助潘姿齊進行復健。（林炎煌攝）

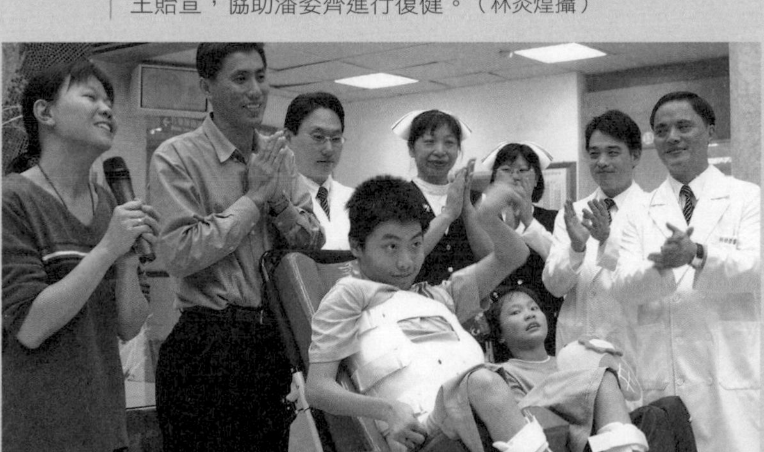

新加坡潘氏兄妹經過半年治療後，恢復情況良好。在出院歡送會上，母親王桂雲（左一）感恩醫護悉心照顧潘勁揚（前左）和潘姿齊（前右）。（楊青蓉攝）

罹患癲癇症的徐蓤倫小朋友，在植入晶片後經過一年的復健，已能正常生活；在花蓮慈院院慶上，由爸爸（右二）與林欣榮院長陪同，上臺分享內心的感動。（顏霖沼攝）

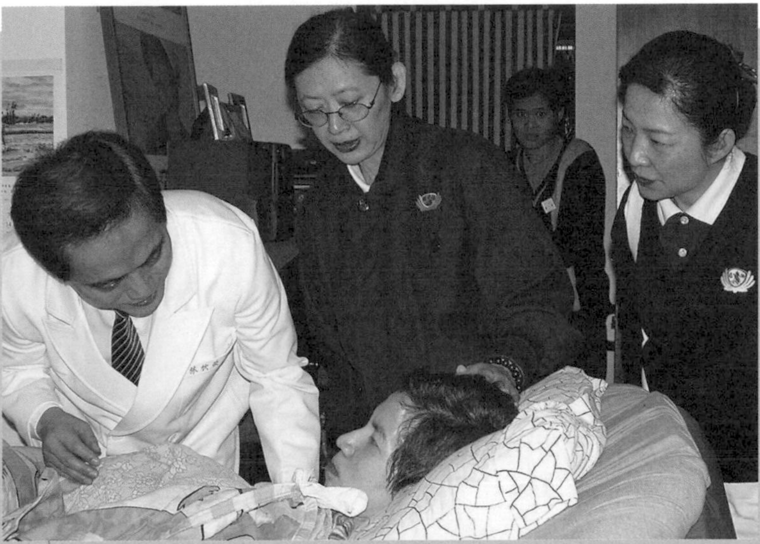

歲末年終，慈濟志工分送冬令物資到照顧戶手上，並邀請林欣榮院長參與居家關懷，了解出院患者的生活起居狀況。（程玟娟攝）

中秋節來臨前，花蓮慈院院長、副院長等一行人代表證嚴上人分送靜思精舍自製月餅給社服室，感恩由顏惠美師姊所帶領的常住志工們及社服室全體同仁，一年來的用心付出。（林永森攝）

花蓮慈濟醫院三十週年院慶路跑，林欣榮院長帶領醫護同仁跑回靜思精舍。

日本分會慈濟志工前往澀谷區代代木公園發放熱食予街友。林欣榮院長恰至仙台參加醫療研討會，把握機會參與；先發號碼牌（上），再協助熱食發放（下）。（吳惠珍攝）

2017年，花蓮慈濟醫學中心六度通過醫學中心評鑑，林欣榮院長向證嚴法師呈報好消息。

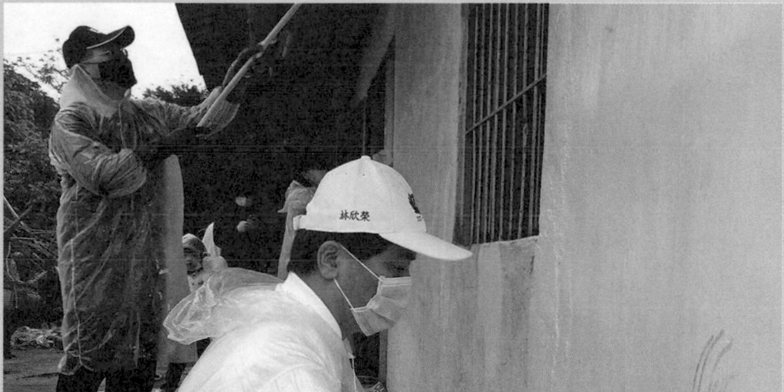


2018歲末年終，林欣榮院長帶領花蓮慈院醫護及行政同仁，在慈濟志工陪同下，來到秀林鄉文蘭村米亞丸部落進行居家關懷，並為照顧戶進行大掃除及粉刷牆面。

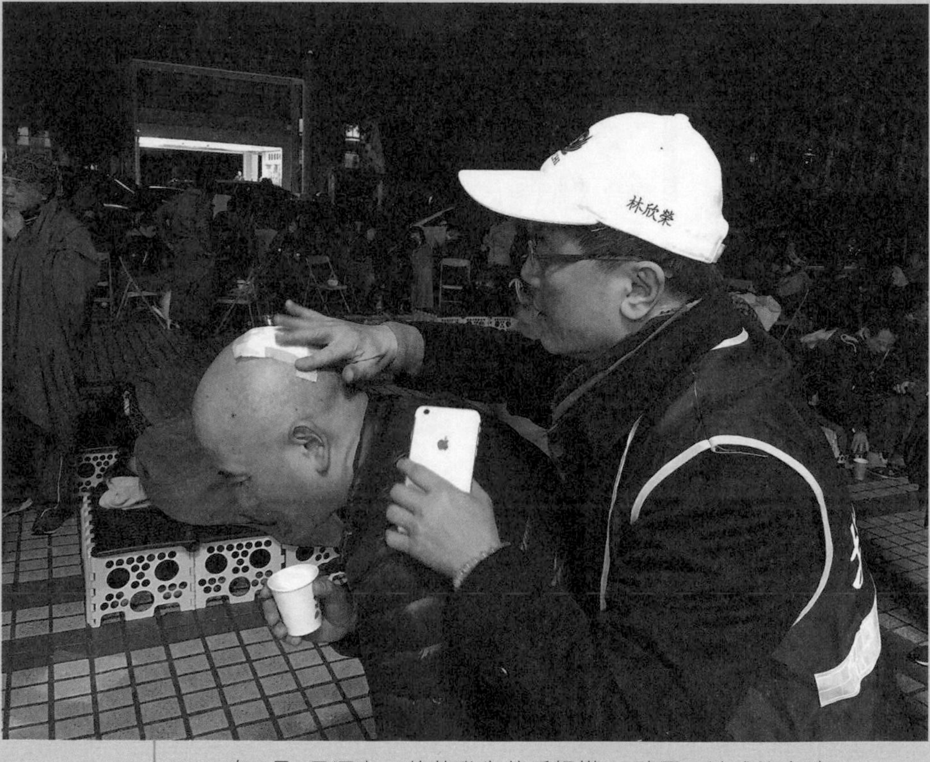


2018年2月6日深夜，花蓮發生芮氏規模6.0強震，造成許多建物倒塌；慈濟基金會啟動關懷與救災，慈濟志工前往安置點中華國小關懷撤離民眾，林欣榮院長關心民眾撤離時的傷勢情形。（吳瑞祥攝）

推薦序

# 立足花蓮，胸懷天下蒼生

／釋證嚴

二〇〇二年七月十六日，花蓮慈濟醫院正式升格為花東地區唯一的「醫學中心」；當時，骨科有陳英和前院長坐鎮、泌尿科有郭漢崇主任領軍，心臟外科有趙盛豐主任、胸腔內科有楊治國主任、心臟內科有王志鴻醫師等。這批當年正當意氣風發的年輕醫師，寧願放棄臺北崇高的名位與優渥生活，來到醫療沙漠的東臺灣奉獻所長，使得無數病患再也不用輾轉奔波於北部的大醫院求醫，師父是由衷銘感。

同年七月一日，陳院長暫卸仔肩，由來自三總軍醫系統的林欣榮接任院長，將慈濟醫療推向尖端神經醫學領域的重要里程碑。最最感恩的，他不是一個人隻身前來，而是邀來團隊的重要夥伴，包括當時世界心血管權威李哲夫教授、精於藥理的郭重雄教授，以及他的好搭檔、專擅於影像傳輸軟硬體系統的李超群醫師。

平心而論，以當時花蓮慈濟醫院人力、設備俱絀的條件下，要成為東方的「梅約醫院」，有如小螞蟻攀爬須彌山，可說遙不可及。感恩林院長用力擘畫花蓮慈濟醫院的神經醫學，並且很快地躍上國際舞臺。

為了利濟重症病患，也為了替花蓮慈濟醫院培養尖端的神經醫學人才，林院長豁達大度、毫不藏私，將他多年鑽研巴金森氏症的研究與臨床醫學悉數傳承給陳新源醫師，造就陳主任成為臺灣治療巴金森氏症的權威。當他聽到三總的舊識邱琮朗醫師想讀博士，就鼓勵他來花蓮慈濟醫院服務，毗鄰的慈濟大學有博士班，可以完成他修讀博士的夢想。林院長是全臺唯二懂得腦繞道手術的專家，他也毫無保留地傳授給邱主任，邱主任執行的腦繞道手術已逾三四百例了。

現代人談「癌」色變，花蓮慈濟醫院也規畫了「癌症醫學中心」；然而，若無人才，一切都是空談。許文林副院長在林院長極力邀約下，卸下三總行政副院長的職銜，立即來到花蓮報到。他所帶領的放射腫瘤科不僅人才濟濟，他所主持的「癌症醫學中心」，更在短短幾年內就建構包括肺癌、肝癌、婦癌、血液病腫瘤等十二個癌症團隊，守護花蓮乃至全臺民眾的健康。

林院長極其聰慧敏睿，他胸懷大志，不斷挑戰自我，向著最艱難的巴金森氏症、漸凍症、惡性腦瘤、以及中風患者的治療尋求突破；這分永不放棄的精神，正是來自那顆溫柔的慈悲心；只要患者有一點點進步，就鼓舞自己和醫療團隊繼續研發。

他就像火車頭一般，引領著慈濟堅實的醫療團隊不斷往前奔馳，一刻也不停息。在他的領導下，花蓮慈濟醫院接下國際醫療個案，包括西藏的土登昂布，菲律賓的連體嬰慈恩慈愛，印尼的蘇霏安、諾文狄，新加坡潘氏兄妹等，都是極其棘手、治療過程非常繁複的個案。其中，潘氏兄妹經過五個月的治療與復健後回到新加坡，在當地醫界激起一陣陣漣漪：「臺灣能，新加坡為什麼不能？」就此極力發展腦神經方面的醫療技術，也讓許多新加坡病患直接受惠。

林院長的醫療成就不僅嘉惠無數病患，也救了自己的父親；他用高超的「鑰匙孔手術」，親自為罹患腦血管瘤的父親執行手術。問他當時會擔心害怕嗎？他說得輕鬆：「就當作一般病患，盡心力就是了。」另一次，則是從新加坡回來的沈居士，一進到會客室就發現他神色有異；剛巧當天林院長人在精舍，聞訊趕來，斷定他是急性腦中風，立時送醫急救。原來，他左邊頸動脈約有十公分長都塞住了，因為林院長的當機立斷，很幸運地被救了回來。

雖然日常生活都被研究、教學、看診、手術、和院務行政給填滿，林院長每天還能抽出固定的時間運動。身為長跑健將的他，與同好一齊跑回精舍，對他來說不過小事一樁，還能邊跑邊與韓鴻志、邱琮朗、許文林等醫師決定重要事項。若非擁有強健的體魄，如何應付動輒十幾二十小時的重大手術？難怪他看起來總是精神煥發，有著歲月累積的成熟睿智，又保有屬於少年郎的熱情活力。

他就像一團溫暖的光，能熨燙大家原本冷漠的心；自從他加入慈濟的大家庭後，終於成功縮合醫院與精舍的紐帶，帶動同仁對慈濟的向心力。

師父鼓勵大家晨起薰法香，林院長聞法不落人後，每天清晨五點二十分趕到醫院，與同仁透過視訊連線，一起汲取法水；那分精進求法的心，真的很令人感動。每週三早上，林院長帶著相關成員回到精舍作例行報告；最歡喜的，就是他不斷發掘優秀人才。例如，臺灣目前面臨高齡化社會，不可避免地要走向長照；他便陪同慈院新聘任、擅長老人醫學的高齡醫學中心主任羅慶徽來與師父見面。師志徒行，師徒十分相得。

花蓮慈院是慈濟醫療志業的第一座醫院，動見觀瞻；很感恩林院長全力執行師父的重託，向內凝聚同仁共識，向外不斷追求突破，將醫院帶領得「欣欣向榮」，真是師父的好弟子。今茲林院長的專書《盤山過嶺——林欣榮教授創新之路》即將付梓出版，樂為之序。

推薦序

# 對於未來的期待！

／張善政

我在二〇一六年自行政院長職位退休後，因為常搭火車到花蓮照顧我的農地，被同搭火車的熱心慈濟人認出而引介拜會證嚴上人，有機會一睹他老人家的風采。應他老人家之邀，我參與協助慈濟改造醫療資訊系統的大計畫，有機會接觸到慈濟醫療體系中包括花蓮慈濟林欣榮院長在內的許多可敬人物；另一方面，我身兼國家生技醫療產業策進會的會長，與醫療界有不少專業上的互動，林院長就是其中非常傑出的一位。

我說林院長傑出，是因為我有親身的體會。我母親在二〇一七年往生前受老人失智（阿茲海默症）折磨多年，身為人子的我這些年心中一直有無限的不捨與痛苦，多麼希望我母親可以不要受到病痛之苦；臺灣社會裡與我有類似處境的為人子女者必然不在少數。後來，我有機會看到林院長一篇論文，介紹一位慈濟師姐的案例：她透過基因檢測得知她有家族遺傳性的阿茲海默症；而除了師姐本人外，她的兒子也已受到早發性阿茲海默症的困擾；然而，透過林院長與花蓮慈濟醫學中心的協助，而讓病情得到控制。林院長有這樣的技術，讓我對他覺得真是相見恨晚。

我有一位畢生擔任職公職的好友，她的丈夫是臺大相當有名的教授，後來罹患巴金森症，手腳逐漸不聽使喚，似乎來日無多；於是，我朋友毅然申請退休，陪著她丈夫到各國旅遊。每到一處，就在臉書上貼文記錄，恩愛照片讓人好生羨慕。後來，她丈夫終不敵巴金森症而離世，諸多好友都替他們婉惜。因此，在我的印象裡，巴金森症是一種絕症，是會拆散恩愛夫妻的可怕病症。一次偶然的機會裡，我聽到林院長說巴金森症可以舒緩甚至控制，又讓我再度驚訝。

《盤山過嶺》介紹林欣榮院長的醫療生涯與心路歷程。我想，這樣一位讓人尊敬又期待的好醫師，有一本書來敘述他的醫學發展與生命情事，除了作為他本人的傳記外，更可以讓人對未來能免除許多病痛的那一天更為期待。

【本序作者簡介】**張善政**

美國康乃爾大學土木工程博士。曾任國家科學委員會國家高速電腦中心主任、美商Google公司亞洲硬體營運總監、行政院政務委員、首任科技部部長；二〇一六年出任行政院院長一職，是年五二〇卸任。現為國家生技醫療產業策進會會長、各大學客座教授。

# 推薦序

## 承諾與追尋——卓越：永無止境的追尋

／石曜堂

「存在（Existing）」的動力源是「生存（Being）」；生命的目標，可以說是無限的生存。人做為一種生命的形式，其所有活動和目的，都只從一個指令：生存。生存動力是人類所有活動的基礎；自我的生存，必須與文化、世界結合也就是身、心、靈、社會的結合。「存在」的意義，在於活出生命的價值。「價值」與「意義」是生命的兩大座標，也是自我修正的標竿，一步一腳印踩出生命的「意義」與「價值」。

「意義」是生活的常道，是精神的資糧，是振奮心智的精元，是轉弱為強、化消極為積極的心力。「意義」是要在生活裡實際體驗的；根據以往的生命經歷來創造意義，從情感和堅定來成就意義，從代代相傳的經驗來塑造意義，按照天分和理解力來形成意義，依循信念來構築意義，從喜歡的事情和所愛的人來產生意義，從甘願信奉不渝的價值來建造意義……綜合這些內容，來締造自己的人生。

證嚴法師布衣芒鞋、和敬寬柔，做了許多利濟蒼生的事，開展了許多雨露廣布的志業，啟悟了許多不同身分、不同個性的人。證嚴法師從無遲疑、從不懈怠，始終如一，克勤克儉地耕耘他那「無緣大慈、同體大悲」的宏願。證嚴法師恆持剎那、活在當下，現在就是最好的時機，每一天都是作人的開始，每一個時刻都是自己的警惕。

時間可以造就人格，可以成就事業，也可以儲積功德。年復一年，時間累積出歷史的厚度，善念凝聚了浩蕩的慈濟隊伍；一群聰明、精彩、充滿愛心的人，對知識的尊敬與熱情、對智慧的探索與追尋，以及對自我、對宇宙無止境的好奇心，必然會結晶出某種卓爾不群的價值觀和生活態度。實踐之樹長青，未來不在遠方，而是在當下的行動；唯有把握當下，親身參與，投入對的事情，安立身心，才是真正的永恆，今昔輝映，映照歷史的一脈傳承。證嚴法師與慈濟人，為臺灣社會乃至於全世界，彰顯了一種「但願眾生得離苦，不為自己求安樂」的生命意義與價值。

這樣的生命意義及價值，由慈濟的「全人照護」可見一斑。其對「承諾」與「卓越」的「追尋」，乃是從「心」啟動，「愛」才是最大的療癒力量。健康照護的榮耀，是健康照護服務認同的掌聲，是使用者喜悅的笑聲，更是創新與超越自我的心聲；卓越追尋，來自聽見內心的聲音，不斷創造的全新價值。

花蓮慈濟醫院林欣榮院長，是國防醫學院的傑出校友；他於二〇一六年榮任美國AAAS Fellow，為臺灣神經外科醫學權威，亦為臺灣幹細胞臨床療法之先驅，首創將胚胎幹細胞成功移植在巴金森氏症患者的成功案例。由於林欣榮教授在幹細胞領域的努力與貢獻，榮獲二〇一〇年美國神經治療及再生醫學會最傑出獎的殊榮。林院長一路走來，歷經求學、行醫、創新研究等階段，這段從不拘小節的軍人到領受佛法慈悲的歷程，充滿精彩的故事。

林院長以「盤山過嶺」為名，用生動的筆觸鋪陳這本自傳，訴說他的努力、試煉、歡愉、沮喪與成就，鐫刻他的思想與行為，記載自我設定的崇高目標、以及慷慨的服務與美好的工作。「盤山過嶺」有「攀登高山，追求卓越締造價值」的意涵，可藉此比喻職涯（生命）

的歷程，就像登山一樣，攀登一座一座的山嶺；爬過一座山，有另一個更高的山矗立，連綿不斷，直到天際，永無盡頭，帶給人類一種莊嚴感與永恆感，產生一種敬畏、嚮往、追求與征服的複雜情愫，激發人的豪情壯志，驅策人類向前行、向上爬；誰要在攀登過程中懈怠、畏縮，誰就是落後者、失敗者；誰要是勤奮、決斷、勇敢及智慧，誰就是進步者、成功者。

在這樣的「盤山過嶺」中，林欣榮院長跟隨著證嚴法師的腳步，也開展及彰顯著慈濟帶給世間的生命意義與價值！

【本序作者簡介】**石曜堂**

財團法人演譯基金會 董事長
亞洲健康識能學會 榮譽理事長
社團法人中華衛生醫療協會 榮譽理事長
社團法人台灣醫務管理學會 名譽理事長
國家衛生研究院衛生政策論壇 諮議委員
國防醫學院 榮譽教授
亞洲大學 榮譽教授

推薦序

# 醫療實力傳播臺灣愛與美善

／陳時中

花蓮慈濟醫院林欣榮院長身為國際知名腦神經外科專家，是開創臺灣將胚胎腦部神經幹細胞成功移植在巴金森病人的第一人，也是全球第一位將自體周邊血幹細胞運用在腦中風治療臨床試驗的神經外科醫師。

林院長帶領團隊研發技轉的治療惡性腦瘤標靶新藥，已進入第一期臨床試驗；以自體脂肪幹細胞治療腦中風及肝硬化計畫，即將進入第二期臨床試驗。他更陸續獲得美國國家發明家學會、美國科學促進會及美國醫學暨生物工程學院推選為院士等殊榮。

在《盤山過嶺》這本書中，可以一窺林院長走向醫者的成長歷程，更可見到他為了幫助罕見疾病及難症病人尋找解藥的醫者心，以及埋首創新研發的一步一腳印。

另一方面，林院長從臨床第一線的主治醫師，到承接醫院經營管理的院長角色，秉持著證嚴法師交付給他的任務及使命，帶領花蓮慈濟醫院團隊向上提升，有無私的師生情，也有感動人心的醫病故事。

閱讀書中一篇篇林院長參與的治療個案，無論是人類學學者、音樂作曲家、香港檢察官、旅美科技人，或只剩右腦的大學生，當巴金森氏病、運動元神經疾病或車禍意外找上他們時，連一般人視為平常的呼吸，都不得不借助於醫療設備，並且暫停人生的腳步，接受病魔的挑戰與試煉。

所幸，這些因病而苦的個案，遇見了林院長的醫療團隊。醫療團隊在治療病人時，也有一番心路歷程；甚至與病人及病人家屬一樣，在夜深人靜經常天人交戰。

我接任部長以來，「新南向醫衛合作及產業鏈發展」即是衛生福利部的重點政策之一。考量到東南亞國家的醫衛需求，透過組成醫療國家隊，發揮臺灣的醫療資源，建立起防疫防衛網，希望能對區域健康與國際合作防疫都能有所貢獻。

衛福部將印尼、印度、泰國、越南、菲律賓、馬來西亞等列為重點國家，規畫以「一國一中心」模式，設立臺灣特色的醫療中心；其中，菲律賓由花蓮慈濟醫院負責。我們看到慈濟菲律賓分會，在當地相當投入且淵源深厚，曾完成包括三對連體嬰分割手術等多例難症個案治療，同時執行肺結核防治及狂犬病防疫計畫，成就非凡。

慈濟證嚴法師從創立功德會，在濟貧、義診過程中，深刻感受到東臺灣醫療資源嚴重不足，因而發願建立醫院。花蓮慈濟醫院自啟業至今三十二年，紮實的臨床醫療結合先進的醫療科技，已是民眾心中信賴的醫學中心，在培育人才與提升醫療品質也不遺餘力。

花蓮慈濟醫院的神經團隊、心臟團隊，經常與時間賽跑，開腦、救心，搶救生命無數，使東部地區的急重症民眾，甚至是慕名前來旅遊的遊客，可及時獲得與都會區同等水平的醫療資源，翻轉過去「後山」醫療落後的刻板印象。

二〇一八年二月六日，花蓮發生大地震時，很感謝花蓮慈濟醫院在第一時間投入救災，並在極短時間內完成大量傷患處置，及後續照護災民及搜救人員的身心靈。

今年，花蓮慈濟醫院獲國際醫療衛生促進協會「國際醫療典範獎」表揚，還包括慈濟骨髓幹細胞中心二十五年來所募集的四十二萬筆資料，完成五千例造血幹細胞捐贈；其中，跨海捐贈就占了六成，橫跨五大洲、三十一個國家地區，印證臺灣是一座愛心之島。

臺灣的醫療衛生是值得驕傲的軟實力，不僅守護臺灣人的健康，更因為有海外慈濟人在中美洲、非洲、中東國家發揚大愛，讓臺灣的美善被更多人知道。期待透過林院長新書，鼓舞年輕世代的醫療人才，在醫療專業與人文上精進與投入，厚植臺灣醫療軟實力，邁向世界，亦讓世界走進臺灣。

【本序作者簡介】**陳時中**

現任中華民國行政院衛生福利部部長。

曾任中華民國牙醫師公會全國聯合會第六屆理事長、

行政院衛生署副署長、總統府國策顧問。

推薦序

# 後山日先照・信願無窮境

／林碧玉

慈悲十力無畏起，眾生善業因緣生，一九七九年以前，地處偏遠的台灣後山花蓮醫療非常落後，證嚴上人有感於病患求救無門，加上因病而貧、貧病相生的濟貧經驗，遂發起在花蓮興建慈濟醫院，歷經艱辛，終於在一九八六年啟用。

猶記得醫院剛啟用不久，救護車就送來一位頭部外傷、瞳孔已放大的少女；當時，尚未安裝電腦斷層攝影儀器，神經外科醫師憑經驗開腦，及時挽回該少女的生命。這項創舉，為名列世界意外死亡第三名的花東帶來生命的希望，花蓮各界更是津津樂道——花蓮終於有能開腦的醫院了！因而，關注神經外科的發展，成為慈濟醫療志業的重點。

有一天，驚訝地看到「進口人頭」的新聞，進而探究誰進口？原因？目的？之後關注治療巴金森病、阿茲海默症、植入晶片等主題，深刻瞭解到神經科學在二十一世紀扮演著重要角色。為提升花蓮慈濟醫學中心神經外科能量，積極在報章雜誌及論文的發表上尋覓，因此拜訪當年在國防醫學院任職的林欣榮教授。看到他年輕又熱情洋溢，談到對於神經醫學未來的抱負、對病患的不捨，還聽到他對新科技、新醫療的憧憬；他並提出，未來若到慈濟，首要推動幹細胞治療腦中風、基因及新藥研發治療惡性腦瘤，更提出跳躍式新觀念——以高科技診斷，佐以預防醫學健康促進的觀念，這正是證嚴上人念茲在茲的方向啊！可是，在當年卻是相當寂寞的思維。

已經忘記幾度拜訪林教授，只記得自己好像推銷員般，每次提著一個公事包由花蓮到臺北三總與林教授分享慈濟所做的事，並闡釋證嚴上人以「為佛教、為眾生」為使命的寬廣思維與悲願，力促林教授追隨證嚴上人、協助推展慈濟醫療願景。經過兩年多的努力，林教授終於來到後山花蓮，推動尖端神經醫學領域的發展，更發願將後山的慈濟醫院打造為全球的領航者！

值此林院長傳記出書因緣，除了欽佩他對醫學貢獻外，筆者分享幾項見證：

一、林院長在三總服務時個性非常急躁；神奇的是，當他看到證嚴上人以鼓勵讚歎志工及同仁後，如禪宗拈花般心領神會，化急躁脾氣為溫良恭儉讓的君子。

二、有一天，當筆者請教他有關推動周邊血幹細胞移植的問題：捐者注射白血球刺激因子G-CSF增生幹細胞，對捐者是否會造成不良影響？沒想到，他立刻打電話請同仁用G-CSF做動物實驗，研究治療腦中風病患的可行性，進而促成幹細胞治療腦中風的突破。

三、研究新藥用當歸、黃耆等作為乳癌及惡性腦瘤治療；因他的鍥而不捨，如今通過美國食品藥品管理局核准，已經開始進行人體治療試驗工作。

四、用鑰匙孔手術夾除自己父親的腦血管瘤；當他開完刀到病房查房探望父親時，那一幕真是感人！更讓筆者打開對腦血管瘤手術的新視野。

五、鑰匙孔腦血管繞道手術的推展，見證院長藝高膽大。

六、深部腦刺激定位植入晶片治療癲癇、巴金森病，讓慈濟成為亞洲示範中心。

七、在醫院成立第一個分離幹細胞的CGMP實驗室，作為細胞治療的先鋒。

八、推展多巴胺檢驗是否罹患巴金森症等。

九、老年社會來臨，活得老、更要活出健康，院長投入研究預防老化醫學藥物的運用。

十、越是難症，更勇於承擔治療責任，治療如齒堊質腫瘤等難症的國際病患。

見證說之不盡；只能說，林教授是一位傑出的科學家，創新發明觀念不斷，臨床工作又是如此精湛。回顧十多年來的共事，看到他以赤子之心運用於醫療，先後獲得美國國家發明家學會、美國科學促進會、美國醫學暨生物工程學院等三個院士的殊榮；更看到他以童心學佛，以真心用四攝法帶領同仁們，用愛培育人才，要將慈濟醫療用卓越推向國際。衛福部近日將開放幹細胞治療各項疾病，對於致力於幹細胞治療的團隊們，便是一種肯定。

我深信，在過去研發的基礎上，在「創新再創新」的軌道上，幹細胞、基因治療雖屬尖端，花蓮慈院仍能日新又新，用慈濟人文晝夜攝心，守護生命、守護健康、守護愛。無限感恩與祝福林欣榮教授，堅定地「盤山過嶺菩薩行」，誓願「後山日先照五洲」，淨水不受紅塵擾，一心照拂團隊，守護眾生身心靈至永恆！

【本序作者簡介】**林碧玉**

現任慈濟基金會副總執行長。

一九七七年因緣殊勝，發願追隨證嚴法師，法號「靜憪」。細數四十餘年來的慈濟志工生涯，從加入慈善工作開始，隨著濟貧教富的慈悲腳步，走向醫療建院歷程，篳路藍縷，難行能行；更親歷各項賑災、推動骨髓捐贈等，參與並見證慈濟八大腳印之艱辛發展過程。

推薦序

# 醫者仁心　欣欣向榮

／林俊龍

林欣榮院長是一位醫術精湛且極富創意的神經外科醫師，也是治療巴金森病的專家。膽大心細的林院長甚至曾經以自己發明的鑰匙孔手術，親自為父親開刀，治療父親腦深部的動脈血管瘤。醫療專業如此優秀的醫師，在他的人生與證嚴上人、與慈濟相遇之後，開始豐富了人文底蘊，延續他在國防醫學系就讀時與同儕分享筆記的友愛與慷慨，樂於展現醫者的慈悲與仁愛。

從二〇〇三年到二〇〇四年，是林院長帶領花蓮慈濟醫院的「國際醫療年」；在同一段時間與空間裡，有來自菲律賓、胸腹相連的雙胞胎連體女嬰，來自印尼、罹患特殊腫瘤的病童蘇霏安與諾文狄，還有來自新加坡、罹患罕見神經病變的潘氏兄妹。

林院長帶領著跨數科甚至跨十多科的醫療團隊，為這群罹患特殊病症的孩童們擬定複雜、詳細的治療計畫，臺灣與海外的慈濟志工的幫助與持續不斷的關懷，則讓孩子們展開笑容，為孩子們的人生寫下了溫暖動人的篇章。

二〇〇四年時才十五歲的蘇霏安，是林院長到印尼紅溪河參與義診時建議他到臺灣來接受進一步治療的。蘇霏安來到花蓮之初，曾寫下他的心情：「希望我的眼睛可以看到漂亮的世界；還有我的臉，不要再有很大、很凸出的東西。」雖然手術難度非常高，且需多次長時間手術；然而，在林院長及團隊的努力下，以往必須戴著兩頂帽子出門、羞於見人的蘇霏安，不僅成功摘除腫瘤、修補了外貌，更受到鼓勵、勇敢地夢想未來。二〇一七年八月的花蓮慈院三十一週年慶活動，播放了一段影片，畫面中出現已成年結婚的蘇霏安以吉他自彈自唱，與太太、女兒及父母過著幸福的日子。

當年五歲的諾文狄是由新加坡慈濟志工陪同來到花蓮慈院；他罹患了全世界只有五例的『巨大型齒堊質瘤』，他是其中年紀最小、腫瘤最大的病人。在林欣榮院長的帶領下，動員十科聯合會診，醫療團隊經過數十次會議討論擬定治療計畫；諾文狄臉上的巨瘤那時已經壓迫眼睛，穿過下顎增生，破壞了下頷骨，所以團隊必須逐次切除腫瘤後再重建消失的下顎。完成手術後的諾文狄帶著一張新的臉回到家鄉巴淡島，恢復可愛活潑的孩童模樣，不再被村民排斥，也和村裡的孩子打成一片。雖然，腫瘤隨著年紀增長再度復發；但是，在他短短近七年的生命裡，慈濟醫療團隊幫他找回七分之一的開懷人生。

而罹患罕見的遺傳性神經系統退化疾病的潘氏兄妹，四肢及身體逐漸變形，肌肉不時痙攣抽痛、不斷抖動，令他們只能躺著。他們的父母在新加坡登報求救，引起新加坡慈濟志工注意；詢問林院長後，他果決地邀請他們到花蓮治療。經過團隊的治療與復健計畫，兄妹倆的肌肉張力改善；哥哥可以跟護理師玩猜拳，妹妹恢復得更好，只要有人輕扶著她的腋下，她就能走得很自然。林院長與花蓮慈院團隊的治療成果也帶動新加坡醫界在這方面的醫療技術發展，之後也令許多新加坡人受惠。

十五年前接受分割的菲律賓連體嬰，現已成長為兩位美麗而且知書達禮的少女。

在國際醫療成果倍受肯定之餘，感恩林欣榮院長以「人才培育，品質提升」為使命，積極帶領花蓮慈濟醫院日日在醫療專業上精進研發，持續對病人的愛與關懷。《盤山過嶺》詳實述說了林院長的行醫心路，是一本值得閱讀的好書，也是醫者仁心的典範。謹此為序，誠心推薦，感恩。

【本序作者簡介】**林俊龍**

現任佛教慈濟醫療財團法人執行長。

曾任美國洛杉磯北嶺醫學中心心臟科主任、美國洛杉磯北嶺醫學中心院長、慈濟綜合醫院副院長、美國加州大學洛杉磯分校臨床教授（一九八〇年至一九九五年）。受證嚴法師感召返臺後，擔任花蓮慈濟醫院副院長，創建大林慈濟醫院並擔任院長一職。

# 目錄

## 第四部

## 第五部

我不容許任何宗教、國籍、種族、政見或地位的考量介於我的職責和病人之間。

——《日內瓦宣言》第八條

## 第六部

我鄭重地保證自己要奉獻一切為人類服務。
——《日內瓦宣言》第一條　327



## 結語

# 楔子

## 為什麼我救不活他們？

我正撥著電話，那是一組熟悉到很快地就能從通訊錄中找到的號碼。

話筒中傳出清脆的電話鈴聲，我難掩心中的興奮情緒，手也有些緊張地握著話筒；終於，殷殷期盼的這一天就要來了。其實，這一通電話我早就該撥了，只是這陣子太忙，門診、手術以及醫院的行政事務如同片紙粒沙般，塞滿了我所有清醒的時刻。好不容易得了個空，我的心情像個孩子要去旅遊前般雀躍，迫不及待地撥下這組再熟悉不過的手機號碼。

「喂——」響了好幾聲，電話終於接通了；取代電話鈴聲的，是一位青年的聲音。

「好久不見了，最近好嗎？我是林欣榮。」我知道自己說話一向很快，刻意放慢一些速度，好讓對方能聽得明白。

「院長……」青年的語氣沒有想像中歡喜，反而多了幾分疲憊與滄桑。我即將說出口的話還來不及帶給他任何一絲喜悅，他告訴我的話語卻如同一張黑網，徹底地把我包覆起來：「院長，這恐怕是我們最後一次通話了；我爸爸……他前兩日走了……」

眼前的辦公室景色，無論是桌子、書櫃，乃至那一只茶杯，在那一刻彷彿都不再與我相關；整個時間與空間中，只留下迴盪在我腦海中的那兩個字——走了？為什麼？怎麼會走？我不是要他等等我嗎？我們的研究已經進入尾聲，就快了啊！再過不了幾日時光，新藥便通過實驗，就可以用在病人身上了。

俗稱「漸凍症」的運動神經元疾病治療新法已經研發完成，估計就快通過美國食品藥物監督管理局（Food and Drug Administration，簡稱FDA）的申請了。

這是我打這通電話最主要想傳達的訊息，卻被他的話打斷而硬生生吞下，消失在哽咽中。

身為一位臨床經驗豐富的醫師，動過數也數不清的手術。我是醫生，也是「律師」——在手術臺上多次與死神談判，用我的雙手取代口才，成功地贏得勝利，讓病人得以從鬼門關走回人世。有些人因此多了五年善盡孝道；有些人得以看見幼兒長大成人，並伴著他邁向另一段人生旅程；還有些更幸運的人，最終在自然老化的過程中沉沉睡去，以老友的身分和死神打招呼，帶著微笑揮別陽世。

身為醫生，為他們打贏一場場生命的官司，掙得了幾年的緩刑，何其愉悅！

可是，這通電話卻狠狠地給了我沉痛的一擊。直至今日，每當想起這通電話，我仍不禁像個孩子般地痛哭失聲。

為什麼？他們不能等等我？為什麼？還是有些人，我救不活他們？

# 第一部

我將會憑著我的良心和尊嚴從事我的職業。

——《日內瓦宣言》第三條

# 第一章　父親，我生命中的第一位導師

「我的孩子要註冊了，可不可以先跟你借點錢？」一個打扮質樸的鄉下婦人羞赧地開口。她長得不高，臉龐正是青春，一雙粗裂的手卻悄悄地透露出生活的艱辛勞苦。

她來向人借錢。即使每學期在孩子們開學前，她都要開口說上這麼一段話；然而無論複誦幾回，要說出口，內心的百般掙扎仍如同幾條打結的青蛇，難分難解。

這個婦人，是我的母親。

母親借錢的對象，是收購雞蛋的盤商；他平時給我們的收購價格都很不錯，一斤十幾元的價錢，在一九六〇年代算是相當慷慨了。收購雞蛋的盤商不僅給的收購價很大方，每到了開學前也會提前賒借些錢給我們，讓我們兄弟姊妹四個孩子都能如期將註冊費交給老師，也少看點人家的臉色。

這些錢不久後就能用一批批的雞蛋還清，如果那群蛋雞沒有生病的話。

這樣的人情風景，在臺南鄉下處處可見；很幸運地，我出生、成長在這樣的地方。

## 以學識扭轉未來

將軍，位於臺南北邊的沿海地帶，當地人慣以古地名稱呼這裡為「漚汪」。漚汪，一個奇特的名字，從小跟著大人念，也就不疑有它；長大後想理個明白，才開始找尋起源。原來，「漚汪」一詞本是西拉雅族語，意為「溪」；西拉雅族人如此命名，源自於這裡有一條溪流經過，也就是舊時臺南縣唯一的溪流——曾文溪。漚汪既不位中段，也非源頭，恰恰是曾文溪的出海口。

這個小鄉鎮在縣市合併之後，晉升為區，卻仍質樸的很。身處鹽分地帶的小區，既捕不了足以致富的漁獲，貧瘠農地也種不出高經濟價值的作物；一眼望去，乾燥的青青綠地上多是一片紅蘿蔔田，便有人說將軍是紅蘿蔔之鄉。可不是嗎？連區徽上都印著紅蘿蔔的身姿。

紅蘿蔔雖然其貌不揚，價格也不高，卻為將軍畫出一幅溫馨的人文風景。

每當收成時節，挨家挨戶都眼巴巴地盼著田地主人收成。農地上，一個個黑色膠製簍子或是一個個紙箱子裡，裝的是農民精挑細選、能夠出價販售的橘紅色黃金；而隨意躺在地上的那些紅蘿蔔，要不是長得扭曲、生出兩隻腳，不然就是小得讓盤商看不上眼的次次級貨色。這些賣相差的紅蘿蔔多到農民自個兒吃都吃不完；因此，在收成結束後，就會大方地開放給鄰里撿拾。

在夕陽餘暉的細碎光芒中，拉長的人影個個雀躍，或是拿著盆子、桶子，或是拎著一只空飼料袋，大夥兒熱鬧地穿梭在蘿蔔田裡，歡天喜地撿回平凡日子裡的餐桌佳餚。

我們家是撿紅蘿蔔的，而非種紅蘿蔔的。

父親是嘉南農田水利會的工程師，職務聽起來很響亮，理應不愁吃穿。然而，早年公務人員薪資微薄，一個月的薪資不過才近千，比工廠女工的薪水還來得低；要讓太太以及四個小孩獲得溫飽沒有問題，但要同時供得起四個孩子們註冊上學，就有些捉襟見肘了。

所幸，女性的堅強總能在刻苦的環境中找出一條出路。我的母親很早就開始攢錢買蛋雞、孵小雞，漸漸地從庭院裡的一窩子小雞擴充成一座有模有樣的養雞場，數來少說也有三百多隻蛋雞。在她的細心照養之下，雞群爭氣地生下一顆顆飽滿透亮的雞蛋，也照亮了我們就學的希望。因為三百多隻蛋雞一個月所產下的雞蛋，就能有四至五千元的收入，足以供應我們手足幾人公、私立學校的學費，甚至還能包含哥哥們在市區念書的房屋租金以及生活費。

後來，愈來愈多人養蛋雞，收購的價格逐日下滑，一度掉到一斤七塊半；於是，母親就狠了心繼續擴養，高峰時期甚至有將近一萬隻雞。「以量來取勝！」談起自己對抗經濟窘況的手法，她總是語帶驕傲地對我們說：「要不是經營這個副業，你們怎麼能念書？」

豈止，這些雞不僅供我們念書、生活，還讓他們夫妻有能力買下屬於己的一方土地、蓋起世世代代的庇護之處。

鄉下的孩子哪個放學後不用幫忙的？同窗同學有的得跟著家人到田裡施肥澆水，有的得代替忙於工作的父母照養年幼弟妹，有的早早就學會了洗衣煮飯；可是，我卻什麼都不必做，放學後就與泥鰍、魚蝦以及金龜子為伍，太陽快下山前回家洗洗手、寫個功課，就能上桌吃飯了。

我只要偶爾幫忙媽媽撿撿雞蛋。

「你爸爸就是愛你們念書，不幫忙做事都沒有關係，把書念好就行了。」每次要幫忙時，媽媽總會催促我趕緊去念書、做功課。

一九三一年出生的父親，談起小時候的童年記憶也只說相當清苦——祖父靠著拉牛車載磚到窯場賺取微薄所得，一趟又一趟的沉重，都是靠著養家活口的意志力才得以撐了過來。

父親說，他小時候家境雖然不好，但是祖父很鼓勵孩子們念書；他也非常爭氣，考上了成功大學前身、日據時期直屬於臺灣總督府的三大專門學校之一的臺南高等工業學校。

聽他說，當年為了從將軍到臺南市區念書，祖母每天三點多就要起床煮早餐；他快速地扒完飯後，就拎著書包走上將近一小時的路程到鄰近的城鎮坐車，接著轉乘主幹線火車，再轉程三分車，趕赴七點的晨鈴鐘響。談起這段求學的過往，他常苦笑著說：「當時窮得也沒腳踏車可以騎，我這可以算是苦讀吧！」

學識得以扭轉命運與未來，這是我父親始終不變的信念，因為嘉南農田水利會的鐵飯碗就支持了他一生；賺得雖然不多，但能安安穩穩地過。

他也希望自己的孩子，日後也能安安穩穩地過。

## 就讀臺南一中

我愛念書，天才矇矇亮，我就自發地起身整理書包；時常還是我拉著母親起床，要她趕緊煮早飯，好讓我能快點去學校念書。我要上初中時，正逢九年國民義務教育開辦的前一年，還是得經由考試才能升初中；所幸，一路順利地考上臺南市立初級中學，再升上臺南第一高級中學。

雖然跟父親當年一樣得到臺南市區念書，但他沒讓我經歷長時間通勤的苦讀日子，反而拜託住在臺南市的姑姑以及姑丈，讓我得以寄住在他們家。

我的姑丈是湖北人，燒得一手好菜；在他們家，我嘗到了鄂菜的嗆辣滋味，也開始懂得怎麼說好一口字正腔圓的國語。姑丈家位於眷村內，左右鄰居都說國語；我雖然小學時也學國語，但鹽分地帶的孩子跟父母說的是閩南話、跟同學說的也是閩南話，國語成績雖然不錯，但實際運用在日常對話上時，總會鬧出不少笑話；例如，下午兩點，我總會說成「二」點。起初到眷村生活時，我的「臺灣國語」時常成為大家茶餘飯後的笑料呢！

鹽分地帶種不出好東西，魚也捕不了多少，生活得清苦，但仍能得過且過；由於沒什麼好比較的，這裡的孩子樂天知命，也相當聽話。

爸爸說：「你好好念書。」我就好好念書。爸爸說：「你去考臺南第一高級中學吧！」好哇！我便去考了臺南第一高級中學。

臺灣當時的學制，會在高中時期將學生分為四組：甲組以理、工科為取向；乙組是文學院各科系；丙組和甲組的區別是考生物不考物理，未來可以選擇農、醫學院科系；丁組是選擇法、商學院科系。

準備分組時，爸爸建議：「水利會工作不錯，你就朝著土木工程發展吧！」言下之意，希望我可以選擇甲組。

如今想來，這是我人生第一次的「叛逆」吧！雖然當時還沒有規劃未來，但因我對生物極有興趣，實在不想錯過這門科目，於是我就跟父親溝通：「我對生物比較有興趣，還是念丙組好了。」

父親雖會給我方向，卻也非常尊重我的想法。這回的溝通，沒有轟轟烈烈地掀起家庭戰爭；因為，對鄉下人來說，學醫似乎也是一個不錯的選擇。

以曾任將軍鄉連續五屆鄉長的黃清舞為例。一九〇五年出生的黃清舞，戰後擔任國民政府地方接收委員，是將軍鄉官派的首屆鄉長；不過，他最為人津津樂道並令將軍人緬懷的，並非是他長達十五年的鄉長身分，而是作為一位醫生。

一九四四年，留日習醫的他回到故鄉將軍開設診所，據說那是當時將軍鄉少見、較有規模的診所。即使擔起鄉長之職，體恤鄉下醫療資源短缺、鄉民就診不易，他仍會在公暇之餘替人看病，而且很少參加應酬、出席宴會；他的理由是：「不要因為這些應酬，延誤看病救人的時間。」

當個醫生，既可以救人，也能養家活口，豈不是一舉兩得？一向少語的父親聽聞我想念丙組的打算，靜默頷首，成全了我首次的「叛逆」。這一個頷首，讓我從此邁向未來這條漫漫的行醫之路。

## 離開故鄉

貧瘠的土地、不豐的漁獲……由將軍的鄉村風景看來，不免有所質疑，怎能取了個響亮的「將軍」之名呢？

故事起源於西元一六八三年。當時，明鄭降清將領施琅率兵攻占臺灣；清廷為了打賞這位施大將軍，於是以「跑馬三日」的土地作為賞賜，範圍西起馬沙溝，東至烏山頭。有土斯有財，是至今萬古不變的道理；地，當然是愈大愈好！

於是，馬不停地跑，哪怕是一分一秒都不得停歇；結果，跑到我們這一帶，馬卻不堪連日來的疲憊，斷了腳蹄。因此，施琅就在此處搭建「將軍府」，並率領族人在這兒墾荒，因此得名。

# 第二章　同學們的小老師

畢業至今三十年多年了，在三十年的同學回憶錄上有句話令我不禁會心地牽動起嘴角——「還好有林欣榮！」呵！看來，這位同學也是當年坐在宿舍走廊上為隔天考試擔心的人吧！

這句話不由得令我腦海中的記憶回到當年——

時間：三十多年前，考試前一天晚上。

地點：國防醫學院，宿舍走廊。

我熟練地找個支撐，架起一塊小黑板。手上拿的講義密密麻麻地都是字，每一個字都出自我的筆跡；這些都是我在上課時，努力就著老師的上課脈絡，將重點逐一抄寫下來，課後又再翻讀課本、找尋資料，逐一整理成有條有理的段落。

我是班上一百八十三位同學中少數的講義組組員，專門編寫講義重點；捧在手上的這些智慧結晶，還會加入英文教科書內的一些重點再列印給同學。看著自己搬著椅子坐在走廊上的同學們，我從來不細數人數；只是隱約知道，密密麻麻坐滿宿舍走廊的人數，平均約有四十至五十位。

空氣中有著濃郁的憂慮。等大家拿到了講義，黑板也架好了，我拿著粉筆，架式十足地說：「好了，我們開始上課嘍！」

「隔天就要考試了，有林欣榮這樣幫我們做重點提示，我們才能大都安然通過。」這也是畢業三十多年之後，同學們的感言。

當上「老師」的這一年，我十八歲，是國防醫學院醫學系一年級學生。這樣的考前特訓課程，每學年的期中考、期末考前都要來上一回；我這個「地下老師」始終如一，直到畢業之前才卸下重任。

## 就讀國防醫學院

父親，是我人生中的第一個導師，在每個重要的求學轉換期給予方向。在他成全了我想念丙組的想法之後，當大學聯考結束、選填志願時，不意外地，我還是習慣問問父親的想法，才在志願卡上填下學校與科系。

我的分數不錯，能選填的學校不少；父親想了想，篤定地說：「去念國防醫學院好了。」

國防醫學院？我看了看國防醫學院的簡介：這是一所軍醫學校，不僅學雜費由國防部負擔，就學期間還能領有軍餉；不過，畢業之後就得依照軍費生的約定，按合約服志願役軍官十年。

我看一看條件，不用支付學雜費，又有零用金可以領，一畢業還可以直接工作，安安穩穩。

當時從臺南將軍鄉要到臺北念書只能搭火車；那時的火車還是老式的蒸汽火車，有過搭乘經驗的人都會說：「坐火車時，記得臉不要伸出窗外，不然你肯定被燻得一鼻子灰。」因為，蒸汽火車是以鍋爐燃煤的方式產生動力；當蒸氣噴出時，往往還會帶著煤灰呢！

搭火車上臺北時，雖然百般不想將頭臉伸出窗外；但是，在酷熱難耐的天氣裡，哪怕只是開一縫窗、覓得一絲沁涼，都是絕頂的享受。不過，這一趟車程少說也要十二個鐘頭；下了車，只見我燻得全身都是煤，鼻孔裡也不意外地蒙上一層炭灰。

求學時期的我，在每班夜車的座位上存放著夢想；撲面而來的蒸氣裡，滿載著全新開始的喜悅。在國防醫學院裡，含納著世代傳承的氣息，敞開雙手迎接前來追求夢想的我們；而我們的足跡，也為這座學校再添一刻歷史。

國防醫學院是歷史悠久的軍醫學校，前身為一九〇二年袁世凱在天津所成立的北洋軍醫學堂；歷經戰爭，輾轉遷了九次校址，可謂是臺灣近代史的見證者。翻閱校史，先總統蔣中正還是歷任的校長之一呢！

進了國防醫學院之後我才知道，除了按部就班地上課之外，生活管理一切軍事化，課業要求更是嚴謹得不容喘息，每年留級以及退學的比例相當高。以我們這一屆為例，入學時我們班上總共一百七十三人，畢業時的人數為一百八十三人；數字的出入，源自上一屆有四十至五十人被當下來，而我們這一屆也有相去不遠的人數被當留級。

只要有一科被死當，就得留級。對一般學校的學生而言，留級不外乎是那一年的所有科目再重讀一遍，頂多比別人多讀一年再畢業；可是，國防醫學院的留級可怕多了，不僅要全部重讀，還得服終生職呢！因此，每回學期末若是看到有人在哭，無須安慰勸問，大抵就知道他被留級了。

## 為同學們惡補

念書，我有自己的一套方法。

每天上完課之後，我會先去用餐，消化一下之後再去打籃球、乒乓球，真正念書時間是晚上七點到九點之間。

聽不懂的，或是有疑問的，就先翻書；了解之後，就是背誦了。考試前兩週我會開始擬定複習進度，每一科的考試範圍必定要背誦三次以上。複習與理解大約需要一週，第一次背誦需要一天，第二次背誦大約幾個鐘頭，第三次背誦莫約半個小時；一本書被我翻得紙頁柔軟，熟悉到重點條目在第幾頁、第幾行都可信手捻來。

考前一週我總是很輕鬆；看電影？走啊！有何不可？打球？可以啊！

很多人問我念書技巧，其實就是理解與背誦而已。其中，物理、生理、藥理、病理，這恐怖的「四理」人人畏之，每年栽在這幾個科目的人數只有多、不會少。以「生理」為例，它是所有科目的大魔王，勉強及格是多數人的目標，每學年平均都有三分之一的人淪入補考地獄；但是，我總能拿到九十七分、九十八分的分數。

我背得勤，寫字也快，因此是班上的講義組；上課的時候一字不漏地把老師所講的重點抄寫下來，整理成重點筆記，考前就在宿舍的走廊上幫同學們臨時惡補。大家都是很會念書的人，只要幫他們順一順，很多人便能理解，隔天考試就不怕了。

## 至臺北榮總實習

國防醫學院的最後幾年，我選擇到臺北榮民總醫院實習。

當年，國防醫學院提供兩間實習醫院讓我們選擇，一間是三軍總醫院（簡稱三總），另一間則是臺北榮民總醫院（簡稱北榮）。大家前仆後繼、極力爭取的實習單位，大多都以三總為目標；畢竟，三總的老師熟，不僅極可能得到比較高的分數，未來留在三總的機會也大。

「你要選哪裡？」實習前，大家的問候語多是這一句話。

「我應該會選北榮吧！」

聽到我這麼說，大家訝異極了；我的成績一向都是班上第一名，要選三總絕對是勝券在握。

為什麼會選北榮？一來，我是學生長，大家都爭著去三總，我本該將機會釋出給他們；再者，去北榮還有個好處，每個月都還有額外生活津貼呢！

當時大家不看重錢，重視的是成績以及未來能留在三總的機會；但或許就是憨人有憨福，到北榮之後我才發現，選擇在北榮實習是誤打誤撞的正確決定。

北榮在一九五九年年底正式營運，當時醫師匱乏，因此不僅委託國防醫學院代訓醫學生，也請三總醫生團隊協助幫忙。當時過去幫忙的醫生都是三總相當頂尖的醫生，大多來自曾經照顧蔣中正、蔣經國兩位先總統的「御醫」；加上北榮是一座新建的醫院，房舍新穎之外，設備也相當完善，論實習環境絕對不輸給三總。

打從我進入醫院實習開始，我便盡全力地訓練自己駕馭醫院的環境，更必須比在學校付出更多的努力，才能在嚴格的要求下安穩畢業。

實習很快就結束了，我在實習那兩年的成績仍是全班第一，也因此獲得了杜聰明獎學金。

說來有趣，這麼多年過去之後，在實習階段沒有最令我印象深刻的「職場如戰場」的辛酸血淚；印象最深的，反而是實習即將結束時、布告欄上的那紙公告，上頭寫著：「實習生乒乓球大賽，冠軍獎金：陸仟元整。」

我喜歡運動，初、高中的時候都是長跑校隊；有一次二哥帶我去打乒乓球，這橘色的小球就意外地成為興趣。

「這筆錢夠用一、兩個月！不管怎麼樣，我一定要拿冠軍！」後來，我果真如願抱走第一名與六千元的大獎。

我在實習時展現最大的拚勁，應該就是這場比賽了吧！

# 第三章　在神經外科修練

在影像造影中，有一簇糾結的蚯蚓叢。

戴著口罩，我仍然可以聞到空間中的消毒水味，空氣中還參雜著大家的聚精會神。手術房通常都是靜悄悄的，尤其是在這麼棘手的手術中，只有呼吸器、心電圖監視儀等設備傳來穩定又微弱的嗶嗶聲。有時，它們安定又平穩的聲音，對我們而言如同振奮人心的軍歌；怕的是它們急促又雜亂無章時，就會撞擊出令人擔憂的危機狀態。

從下刀到現在，已經過多久了？我沒時間看時鐘，但我麻痺的雙腿正嚴厲地警告著我——它可以隨時宣布罷工！我只能用意志力苦苦哀求它再撐一下。

一瞬間，我想起躺在手術臺上的病人前幾天求診時的面容，那是言語無法述說的絕望。「之前的醫生說我這個病很複雜，沒有辦法開刀；如果破了，不是死，就是變成植物人。」或許只是想緩和氣氛，也或許他想暫時脫逃疾病所帶來的嚴肅話題，他又補充說，他來自臺南新營，是我的鄉親。

「你怎麼會知道要來臺北找我？」我好奇地問道。

「我的朋友是你的病人，他建議我可以來找你試試看……」他的口氣並不很是肯定，畢竟他根本就不認識我，而且我看起來相當年輕——一個年紀三十出頭的醫生，能治好這個被其他醫生宣判束手無策的病嗎？

他難過地說，自己才三十幾歲，難道就注定沒有未來了嗎？「為了這個病，我每天都要吃藥，才可以控制憂鬱症發作。」

我看著影像造影一會兒，這確實是相當棘手的疾病，手術中只要一個不小心，送他上黃泉的會是我，而不是病。不過我還是抬起眼對著他看，笑著問道：「你什麼時間方便？我幫你動手術。」

## 選擇神經外科

十八歲那年，我的心一陣狂奔，來到臺北找尋未來的立足之地；等到能喘口氣時，七年過去了。一轉身，我已經從國防醫學院畢業，並在一百八十三位畢業生中取走唯一一張第一名的獎狀，獲得留任三總、自由選科的機會。

「同學，你選婦產科吧！我們的太太未來要生產時，醫院才有信得過的人可以幫忙照應。」

在幾個好朋友勸說之下，我縝密思索；事物自有順序，我明白選擇科別並不是人生中輕輕一踩的青春印記，而是終其一生要堅定追求的信仰圭臬。我當年認為，婦產科不過就是子宮、卵巢這些事，它的挑戰性並不足以吸引我。三總是軍醫院，軍人在戰場上槍傷、刀傷、骨折等外傷不斷，因此也練就出三總外科的一身好功夫；既然要到三總工作，當然要挑最有挑戰性、也是最權威的科別！

外科細分許多科別，其中以心臟血管外科與腦神經外科最具挑戰性，也各有名醫駐守：心臟血管外科有魏崢，腦神經外科有施純仁。

魏崢教授是心臟血管外科的翹楚，在臺灣創下了許多無人能及的紀錄與成就。例如，他以三十八歲的年紀，完成臺灣首例成功的心臟移植手術；而且，從取心到移植，僅用了短短的五十八分鐘。在我選擇科別的那一年，他還很年輕，也還沒有創造出神話故事；不過，這位國防醫學系學長的巧手與精湛的醫術，早已傳遍學弟妹耳中。

偏偏如此不巧，我要進三總的那一年，魏崢正好遠赴美國紐約哥倫比亞大學攻讀醫學博士學位。他什麼時候回來？沒有人知道。

另一方面，有別於魏崢的年輕、即將大放光彩的未來，施純仁教授早已是臺灣神經外科界的泰斗。出生在日據時期的他，歷經烽火戰亂的年代，更親逢第二次世界大戰現場。

就讀當時的臺北帝國大學醫學系的他，之所以決定走上神經外科一途，源於他在戰場上看見：兩名傷兵腦袋卡著子彈，雖然還有生命跡象，所有的外科醫生卻都束手無策。當時他就想：「臺灣沒有神經外科的醫生，腦部受傷的病人誰來救？」

就這樣，他毅然決然地投身神經外科之路，並到全球最頂尖的加拿大麥吉爾大學的蒙特婁神經科學研究中心（Montreal Neurological Institute）進修；回國後，將當時臺灣最不看好、死亡率最高的神經外科整個拉拔提升。全國罹患最難纏疾病的病人，無論居於臺灣何處，只要有體力，一定會到臺北來找施純仁。當時我有個親戚罹患腦膜瘤，也是找他開刀；開完刀後，他恢復得很好，得以繼續他最喜愛的教職，至今仍健在。

他也是蔣中正以及蔣經國兩位先總統當年的御醫群之一。醫術精湛的他，聞名臺灣，許多大醫院也派任醫師前來拜師學藝；他的權威遠播世界，連國外的醫生也久仰大名。

還有什麼好考慮的？我毅然決然地選擇了神經外科。

## 跟隨施純仁老師學習

我出生在施琅的開墾之地，拜師於這位清代名將的後世子孫。在神經外科界，施純仁老師著名的並非他身為施琅後代的身分，而是貴為腦神經外科的典範；要跟在他身邊學習，得要有吃苦的能耐。

他是名師，更是嚴師。在他的領導之下，我們住院醫師很少能夠休息，必定得要收拾腳步，精進跟學。

「住院醫師通通集合！」

這個訊息時常出現，而且都不是正規的上班時間，而是半夜十二點，召集人就是施純仁老師。

此時如果有哪個住院醫師不在院內，可就要被他念慘了。對施純仁老師而言，住院醫師就是「住在醫院的醫師」，得隨時待命，搶救病人的生命是生活事項欄上永遠被置頂的那一項。

「病人的生命就掌握在你手中，你應該分秒必爭！」這句話出自他的口中，也烙印在我的心底。

外科醫師的訓練很嚴格，也很紮實；當然，也分秒必爭。

當住院醫師的那六年，隨著日子一天天過去，我們開始摸索出一套工作的節奏。

一大早先去巡房看病人，七點至七點半進開刀房，開始常規的麻醉，然後執行腦瘤、脊椎等手術，一臺臺的刀執行完通常都已經下午四點多；再巡視一下病人的狀況後，接著又得開始忙碌。因為，五點之後是下班的尖峰時刻，許多車禍受傷的病人將會湧入醫院；急診室一有需要，我們就得立刻衝去一樓支援協助進行各項例行檢查。

當時，電腦斷層攝影還是相當先進以及昂貴的機器，三總的預算有限，仍未引進，只有私立的中心診所有這種設備。因此，我下急診室看到病人的第一個動作，經常就是趕緊拿起電話聯絡診所，告知等等要過去做電腦斷層攝影，然後再跟著病人上救護車到中心診所拍攝腦部斷層，一拍完就得馬上趕回三總，準備進開刀房。

當護理人員打開手術器材的時候，我拿著剃頭刀幫病人剃頭；剃刀很銳利，一絲一毫都不容許閃失，否則很容易引發感染。剃頭刀也是我們手中須善用的一把刀；在住院醫師時期，我最俐落的刀法，不是脊椎手術、更不是腦瘤手術，而是剃頭的技術。等我剃好頭時，護理同仁也往往消毒完畢——手術，正式開始。

一連串的檢查、奔波，下刀的時間，往往會落在半夜十二點。

Morning has broken like the first morning
Blackbird has spoken like the first bird

Praise for the singing
Praise for the morning
Praise for them springing fresh from the world

《Morning Has Broken》一曲既慵懶又輕快地從收音機傳來，這是警察廣播電臺午夜十二點的節目《平安夜》的開場片頭曲；我們常笑說，這首曲子根本是我們的午夜上班鐘。

《平安夜》主持人凌晨的聲音既低沉又輕柔；午夜後的廣播主持人大多都有這樣的聲音特色，似乎是想引領人們進入夢鄉。但是，對我們而言，凌晨的選歌相當對我們的味；在音樂的陪伴中，我們執行一臺又一臺的手術。

手術結束都已經是清晨四、五點了，我常笑說：「我們真是一群與時間賽跑的午夜牛郎啊！」

稍微躺一下，七點又得起身巡房，有時候甚至連這幾個鐘頭都沒有，才剛躺下去就被搖醒：「你有個病人好像有狀況，快去看！」這時也只能迷迷糊糊地起身，走到病人的身旁時腦袋也剛好清醒；處理好之後，再回去小憩一會兒。

能休息的時間相當有限，所以住院醫師個個練就一身隨時隨地都可以入睡的傲然功夫。有時候在結束一臺刀之後，就坐在手術室的地上歇一會兒；等到一切準備就緒，感覺到肩膀有人在輕輕拍打、耳邊響起一聲：「病人進來嘍！」揉揉眼睛，趕緊再起身動刀。

開刀、看病人、換藥、打病歷，開刀、看病人、換藥、打病歷……每天就在這樣的嚴謹訓練之下，足足過了六年的住院醫師時光。沒日沒夜的日子雖然過得久，但並未磨損我們的靈魂，反而添翼茁壯，練就一身紮實的好功夫。

## 三十八小時的手術

來自臺南新營的鄉親正躺在手術臺上，我打開他的腦，一團糾結的血管就展現在我眼前。

這個病症稱為動靜脈畸型。動脈帶著從心臟輸出氧氣和能量的血液，經過微血管代謝後，再由靜脈送回心臟；但是，有百分之零點一的可能，動靜脈間沒有微血管相連，導致因血流壓力不均而糾結生成一簇血管團。

動靜脈畸形是一種先天性的腦血管異常病變，可能發生在身體任何部位；發生在腦部的動靜脈畸形更是一顆不定時炸彈，發病前幾乎沒有任何徵兆，只要一破裂，隨時有失去生命的可能。

在當時的醫療環境，要處理動靜脈畸形的方法就是直接開顱，利用手術將動靜脈畸形切除，但是風險相當大。由於腦部區域是屬於功能區，畸型的血管又容易出血，稍有不慎就可能導致神經功能損傷或是喪失的後遺症。

這是一個風險極高的手術，每一個動作都得小心謹慎；除了眼力要夠好、手要夠穩，還要慢，一絲一毫都急不得，並仔細地處理到乾乾淨淨；不然，若是出現大出血或是血管堵塞，就可能造成中風、癱瘓。

這種手術平均都要耗上二十個小時；但是他的狀況極其嚴重，這一次我足足用了三十八小時才終於將手術完成。

「醫師，你的腳都出血了。」一旁的護理人員提醒我；我往下一看，雙腳正密密麻麻地一點、一點在滲血。我回頭看病人，他也非常辛苦呢！因為躺太久，屁股都腫了。

還好，手術成功。有這個結果就夠了，我一點也不累。

之後，病人精神奕奕地回診；重獲新生的他，笑得好燦爛地對我說：

「醫生，謝謝你！病好了，我的憂鬱症也不藥而癒了！」

# 第四章　出國看世界

當年全世界最厲害的神經外科雜誌——美國某神經外科醫學雜誌的主編，要到我們醫院演講。

在我們這些住院醫師心中，能擔任這份醫學雜誌的主編一職，這位來自美國的主編無疑是神經外科醫學界的「大咖」；而他今天將演講的主題，是分享先進影像設備技術如何提高診治判斷，這也是最新一期雜誌的封面故事。

距離演講還有一點時間，剛好今天的事務沒那麼多，趁著一點空檔，我窩進了圖書館。這是一個電腦搜尋還不是那麼發達的年代，汲取知識與接觸國際的免費管道，是圖書館架上那一本本等待被翻閱的瑰寶。

我看了那期雜誌上的所有研究報告，也翻了相關的文獻期刊，對於他所推崇的新影像醫學，有了大致的了解。

演講開始了。

「運用這些影像，有些疾病就能及早被發現，甚至能協助醫師評估出正確的治療方針。」主編得意地展示這項全新的影像醫學研究技術；但是，直到他演講結束，都沒有講解到我剛剛查閱資料時在腦中所產生的疑問。

演講最後，他笑著透過麥克風詢問講臺下的醫師們：「演講至此，大家有什麼疑問嗎？」

我迫不及待地高舉右手，以英文提問：「請問有誤診的案例嗎？」這只是一句精簡的問題，卻似乎考倒了主編。原本他想，有人會進一步詢問這種影像醫學的優勢、原理、其他運用；但他萬萬沒有預料到，有人會問出誤診案例這樣的題目。

他事後告訴我們的老師：「演講難不倒我，這次我卻被一個第二年的住院醫師問倒了。你們這裡的住院醫師實在很厲害！」

## 同時在三個實驗室研究

如果說，臨床是一位醫師在醫學成就上的骨架；那麼，研究與教學就是血與肉；除了提供索引之外，也和疾病產生對話與連結。

「身為一個醫生，絕對不能只有專注在臨床，還要懂得深入研究。」施純仁教授如此耳提面命。對他而言，醫生不僅是看門診、動手術而已；醫學世界廣袤無垠，鑽研醫學的未知，找出更多治癒疾病的方法與技術，是身為一位醫者的使命。

因此，在神經外科擔任住院醫師的那六年之中，其中有一年我們必須要到外科以外的單位學習，像是神經內科、病理科或是實驗室，都是施純仁教授相當鼓勵的選擇。他勉勵我們：「你們不要一天到晚只學開刀——拿血塊、取腫瘤、做脊椎手術，不能以為只學這些就好，住院醫師要學得更廣。」

當時，我選擇回學校的實驗室，而且還貪心地一選就是三個實驗室。

我到解剖學系的實驗室跟著研究貓的腦血管神經，了解腦血管上的神經從何而來、腦血管為何會收縮與舒張，更進一步找出腦血管神經受損將會產生什麼樣的疾病；此外，我也到生理系的實驗室，透過猴子與老鼠，研究腦細胞如何控制體溫；透過狗的勃起與控制小便的機制，找尋控制神經的來源。

短短四個月的時間，三個研究很快就做出成果並發表文章。我當時怎麼也想不到，這三篇文章竟然成為日後得以出國的契機。

## 人生第一次出國

「英美派」是深入國防醫學院骨髓的核心。國防醫學院初期的老師以及三總的醫師多師承中國北京的協和醫院，協和醫院是由美國石油大王約翰・戴維森・洛克菲勒（John Davison Rockefeller）所資助的醫院。洛克菲勒家族在美國相當鼎盛，致力於生物研究與醫學科技；也因為如此，協和醫院的老師多是大有來頭的英國與美國裔教師，包括醫學家院士、科學家院士。有別於臺大醫院是屬於「日德派」，師承協和醫院的國防醫學院則有「英美派」之稱。

即使有「英美派」之稱，國防醫學院以及三總的教育模式卻並不「奔放」，仍以軍人體制為經緯，訓練服從是三總的傳統風格，教學方式則採師徒制。

即使國防體制的線條陽剛，但施純仁教授的教學風格卻不失英美派的奔放輕快，時常邀請國際知名的醫生學者到院演講，增加我們的國際視野，更不吝給我們參與國際醫學會議的機會。

在一九八〇年代，軍人要出國並不容易，身為一位住院醫師要出國更是難上加難！畢竟，參加國際會議的機會大多都留給主任、主治醫師。不過，施純仁教授卻給了我一個機會！當時，日本正要舉辦一場腦浮腫會議，他向國防部提出申請，並保證我一定會回來，成就了我人生第一次飄洋過海的出國經驗。

我把要去日本的事情告訴姑姑，她既羨慕又興奮，樂得像個孩子，直對我說：「真好！我都沒有出國過！」沒過一會兒，急性子的她就馬上就做了決定：「不然，我也跟著去日本吧！」

就這樣，我跟著施純仁教授一同出發到日本；同一班飛機上面，還有我姑姑。

雖然飛得並不遠，短短幾個鐘頭就抵達日本，這第一次參與國際會議仍令我雀躍不已。這場在京都舉辦的腦浮腫會議聚集許多專家，我跟他們討論了關於交感神經與腦浮腫之間的關係，這是我當時最感興趣的研究。

日本有不少這方面的臨床醫師，他們在腦部開一個小洞，施做微血管減壓手術，有效地解決顏面痙攣以及三叉神經痛的問題。當年全世界最頂尖的就是三井教授；既然都來到日本了，我豈能錯過跟他學習的好機會？

會議之餘，我特地去跟了三井教授一整個早上，總計跟了四臺刀。雖然我不能動手，只能在旁邊看，但我發揮了學生時期的學習精神——第一臺刀，先理解下刀的手法與原理；第二臺刀，開始背誦執行步驟；第三臺、第四臺刀，繼續加強背誦。

一整個早上下來，我確信我已經學會三井教授的技術；回臺灣之後，可以大膽嘗試執行這個手術！

在日本的那幾天，除了參加會議之外，我一天到晚進開刀房，而姑姑則是每天流連在銀座的百貨公司；我下榻的旅館靠近會議中心，她則選擇住在銀座附近的旅舍。每天晚上六點我們會一起用餐；即使逛了一整天街，仍不損她光采奕奕的神情，她很開心地對我說：「來到這裡，我真的是開了眼界！」

我笑著告訴她：「我也是。」

這一趟日本行，我們彼此都開了眼界；她看見了世界的多采多姿，我則是找到了醫學的未來。從此，我姑姑愛上旅遊，每年都出國，幾乎跑遍全世界的知名景點；我也愛上出國研討，每年都出國，同樣也幾乎跑遍世界性的醫學國際會議。

## 到美國攻讀博士學位

一九八四年，王有智先生接任神經外科部主任，他是開創放射線頻率熱灼法治療手掌多汗症的先驅，對於醫師的培訓更是積極。

有一天，王有智主任說，他有事想找我談談。

「你有沒有考慮去念Ph.D.？」王有智主任笑說，在我當住院醫師第二年就問倒了國際知名神經醫學雜誌的主編，令他印象深刻；「當時主編告訴施純仁教授，你這個人可以好好栽培。」

他始終記著這句話；然後，等待時機。

「我記得你曾發表三篇文章，就拿這些文章去申請看看，我想機會很大。」

Ph.D.就是哲學博士（Doctor of Philosophy，乃是通過研究所博士學程及論文發表後所取得的最高學位）。醫學院畢業之後，我們能取得「醫學博士」的頭銜，英文名稱為Doctor of Medicine，簡稱MD，跟一般通稱的博士學位並不相同。對比一般大學生，醫學生的在學訓練硬生生要多出三年；歷經七年的學校培訓之後，在神經外科還要經過六年的訓練、再擔任總醫師，最後才能取得主治醫師之職。

這時的我剛結束六年住院醫師、總醫師的訓練，正要升上主治醫師；漫長的歲月洗禮後，我剛在祝福聲與忙碌中度過三十二歲生日。一般上班族在這個年紀或許已經存下了人生的第一桶金；而在醫生的生涯中，主治醫師則代表著累積足夠的專科經驗，有資格可以成為替病患治療的主要負責人；說得白話文一些，就是可以開始動手術、看門診、賺錢、創口碑。

如果有幸能申請得上，Ph.D.要念多久？四年？五年？還是七年？聽說有些人念了八年還畢不了業呢！

血液中的軍人魂讓我有著服從的天性，該去哪裡、想去哪裡，長官說一聲就是。主任要我送研究報告去申請，我就乖乖地送件；能上、不能上，看機緣，這一切我順應著上天的安排。

為了取得出國念書的獎學金，因此我送件兩處，分別向當年的行政院國家科學委員會（簡稱國科會，現改為科技部）以及國防部申請。當時國科會一年補助十至十二名博士生申請海外就學獎學金，國防部也鼓勵軍人申請。我既是醫生，又做過動物實驗，也發表幾篇文章，很快就被雙方通知錄取申請。

當時我想，把國防部的獎學金機會讓給同僚吧！因此就選了國科會的獎金，並順利申請上美國紐約州立大學石溪分校（State University of New York at Stony Brook）的神經外科及生理學系。

申請上學校之後，我把這個消息告知鄉下的父母親。他們很疑惑，直說：「不是要當主治醫師了嗎？可以賺大錢啦！為什麼還要去念書？」

可不是嗎？當年，我們的外科部部長只需要工作一年，就能買下三總對面一棟兩百萬元的房子；全臺灣沒有一位外科醫生願意在好不容易升任主治醫師後選擇出國念博士的，只有我。

在那個出入境還要花四千元申請出國證的年代，我成功地說服父母親，我說：「趁年輕，出國多念點書，國家也有補助，花不到錢的。」

還好，爸爸媽媽還是那個想法——念書最重要，所以我不費吹灰之力就說服他們了。

準備飛往美國的前兩個小時，好多親戚圍在身邊；我是家族裡第一個要出國念博士的孩子，姑姑、叔伯都來到機場送機。上飛機後，身邊恢復了寧靜，只有旅客置放沉重行李箱的悶哼聲；我也在這時候才發現，脖子上竟然不知道什麼時候被掛上一個大花圈。

# 第二部

病人的健康是我最優先考慮的。

——《日內瓦宣言》第四條

# 第五章　找出巴金森的希望

那是七週的胚胎，長度零點七公分，細細小小的，婦產科醫師將之取出的時候必須要聚精會神地透過超音波將它吸出來，過程中必須得百般小心謹慎；否則，這一小塊比豆腐還要軟嫩的組織，就會血肉模糊，也無法成就日後的大業了。

我們把胚胎放在顯微鏡下，從碎屑的血塊和血水中，一一將胎盤、羊膜、子宮內膜組織細分出來；這時候的頭部組織還不算完整，我的任務就是要在不完整裡找出中腦。大腦不行、小腦也不可以，必定要中腦；因為，只有在那裡的黑質組織內，才有那可能讓人重生的希望——多巴胺細胞。

在抽絲剝繭中，我終於找到了！我拿了三根細針管，一管、一管地仔細吸取，滿滿三管，加起來大約才零點二毫升。

望著這三個小管，體內彷彿伸出了一隻隱形的大手，狠狠地揪住我的胸口，讓我差點兒就在研究室揮拳並大聲吶喊！我控制住這個會嚇人一跳的大舉動；但在眼下的此時此刻，臉上的笑容不應該被理性制約，它值得大大張揚。

巴金森氏症病人有希望了！

## 鑽研巴金森氏症

從入境管理局的人龍中，我緩步走出機場，深呼吸一口氣，不禁感到雀躍，心想：「原來這就是美國的味道啊！」

我那年才三十二歲，來到美國只覺得這裡好大、好棒！跟臺灣的一切是如此不同，非常新鮮、新奇，對不怕困難也不怕生的初生之犢而言，每天都是嶄新的一天。

美國紐約州立大學石溪分校位於長島，是一所排名全美前一百名的名校，以研究見長。這裡有許多傑出的專家，我的老師Joseph Fenster Maker更是美國國家衛生研究院的頂尖人物。

美國不僅是種族的熔爐，來自世界各地的科技與知識也在此交流、分享與討論。一九八六年我甫到美國就學時，全世界腦移植、再生療法、巴金森氏症（Parkinson's disease）治療的嶄新醫學概念風行整個美國，也撼動了我。

當時，針對巴金森病人的神經移植已經做到了臨床階段；以美國國家衛生研究院榮譽院士貝里·哈佛（Barry Hoffer）為主的神經醫學家，開始將流產胚胎中腦黑質組織中的多巴胺細胞移植到巴金森氏症患者腦中。

因此，我在一九八九年完成美國學業回到臺灣之後，就開始投入藥物研發以及細胞移植的領域；針對巴金森氏症的研究，更猶如踩到底的油門般一發不可收拾。

在那個看病還沒有健保的年代，很少有醫生願意投入研究領域，只有不懂得計算的醫生才會一頭栽入其中。畢竟，做研究花時間、耗腦力，沒有錢賺；加上三總是公立醫院，經費預算相當有限，研究室裡的一針一線都得自己張羅。

所幸國科會鼓勵研究，建置一筆為數不少的研究津貼；在沒什麼人申請的情況下，無論我申請任何硬軟體設施，國科會都給予大力支持。當時，我的研究室內還有一臺要價近三百萬元的儀器。

我全力啟動，在短短一個月內寫了六個關於巴金森氏症的治療計畫，目標就是要盡快進入多巴胺細胞移植。

「這是神經內科的病吧？你一個外科醫生怎麼會研究這個？」數不清有多少人問過我這句話了。巴金森氏症當年在各大醫院幾乎都是被劃分在神經內科領域的疾病，只能仰賴藥物治療；外科醫生大多都只聽聞其病，不曾接觸過巴金森氏症的病人。

不過，在美國的進修中，我深受刺激；愈是了解巴金森氏症，我也就愈想要投入其中，替這群失去神經功能的患者找尋生路。

## 無語問蒼天

一九九〇年改編自英國腦神經科醫師奧力佛．薩克斯（Oliver Sacks）著作《睡人》（*Awakenings?*）的好萊塢電影《無語問蒼天》，其中有一幕看得我既動容又震撼——男主角羅納德抓著療養院的鐵窗，身體不斷抖動；他回過頭來望著醫師，問道：「你可以停止它嗎？」醫師無奈地回望羅納德，他無能為力。

站在窗口，目送暗戀的女孩離開療養院，羅納德只能他用顫抖的身軀，步履蹣跚地走回病房。這一幕，將他的無奈全寫在這個孤獨的背影中。

電影中，男主角患的是強直性昏厥症；然而，這卻讓我聯想到現實生活中巴金森氏症病人的症狀。

一八一七年，六十二歲高齡的英國醫師詹姆士・巴金森（James Parkinson）發表《震顫麻痺短論》（*San Essay on the Shaking Palsy*）一文，主訴一種「不自主地顫抖，併有肌力的減退；顫抖發生在非運動期，軀幹彎曲，站姿前傾，不太會由走路的樣子變成小跑步，但理性與智力未受影響」的疾病。後人從此就將這種疾病以他為名，命名為巴金森氏症。

這是一種常見的神經退化疾病，僅次於阿茲海默症（Alzheimer's disease），七十至八十歲占多數；但是，在臨床上，我們也曾診治過十幾歲的年輕人。從無法控制的肢體顫抖，到小碎步行走；有些狀況是，他們走到一半時，就像被點穴般突然動彈不得，一能動就不可控制地往前衝去。

巴金森氏症的成因至今不明，只知道病患中腦黑質組織的多巴胺細胞因不明原因逐漸死亡。多巴胺細胞是神經傳導物質，協助傳遞腦部訊息，調控全身的運動功能。

從巴金森醫師著作《震顫麻痺短論》一文至今兩百多年來，左多巴藥的問世曾讓所有病人看見希望；吃了藥後的他們手腳不抖了，也重新找回身體的主控權。可是，仍有為數不少的病人在服藥六至七年的蜜月期之後，藥量愈加愈重，最後仍然不敵巴金森氏症所帶來的症狀侵擾。醫學上，也曾致力於灼燒切開術；然而，礙於當時外科手術技術以及儀器尚不完全，導致副作用大、傷害性強、術後效果不佳，因此甚少被接納。

## 進行胚胎中腦組織移植實驗

一九九六年，在美國亞特蘭大的奧運開幕典禮上，前世界拳王阿里（Muhammad Ali-Haj）為大會點燃奧運聖火；現場的與會嘉賓以及全球各地守在電視機前面的觀眾，都心驚膽顫地看著他以嚴重顫抖的雙手，緩慢地完成這項任務。歷史上像阿里這樣著名的巴金森氏症名人不少，包括獨裁者希特勒、前教宗若望保祿二世、中國前領導人毛澤東、鄧小平等人，都深受巴金森氏症所苦，像阿里這樣不願放棄的人更多。

前中研院副院長張光直便是一例。他是國際知名的考古學家，可謂人類學泰斗，三十八歲就當上耶魯大學的教授，四十八歲更當選美國科學院院士。患病前，他體格健壯、精力充沛，許多考古現場都有他敏捷的身影。

他的著作很多，有些是以他自己的本名刊載，有些則以「韓起」為筆名；韓起，音近閩南語裡的「番薯」。由於臺灣地形像極了番薯，因此老一輩的臺灣人常會笑稱自己是「番薯人」。在罹患巴金森氏症之後，張光直不放棄鑽研人類學與考古，也不願放棄寫作；他忍住藥物的副作用，用顫抖的雙手寫下《番薯人的故事》一書。

後來，他的病愈來愈嚴重；除了雙手顫抖、口齒不清，走起路來更是常常跌倒；難受的是，有時候即使倒下了也無法支撐自己站起來，他只好一再調高用藥劑量。即使如此受困於疾病，他仍致力於研究；有一回，他到中國河南商丘的發掘現場考察，還是讓人用擔架抬上火車，再用輪椅推到現場的。

他的大哥張光正曾經這麼形容自己的弟弟：「他的躁動，像是身懷大志的巨人，卻被綑綁住手腳失卻了自由，而表露出無奈、不甘、苦悶與掙扎。」

像張光直這樣的病人，好多、好多；像他這樣不願放棄的巴金森氏症病患，也好多、好多。

身為醫者，我也不願放棄。

胚胎中腦組織移植是目前的新希望。數不清的日子裡，我窩在研究室中，透過顯微鏡從流產胚胎的中腦中找到多巴胺細胞；這些正在成長的多巴胺若能移植入病人腦中，將會為他們的手腳帶來新的生命。

根據我們的研究，流產胚胎若是週數太小，就會看不到多巴胺細胞；週數太大，腦中的多巴胺細胞也已經不再成長；幾經研究、尋找與確認，七週大胚胎組織的多巴胺細胞最好，因為它正在成長！

找到了最佳週數，我們深具信心！

享年六十九歲的巴金森醫師，將一生奉獻給病人、窮人以及流氓。他在晚年時曾留下一句話：「扶起壓傷的蘆葦，挑旺將殘的燈火，是我最大的喜悅與成就。」

這是巴金森醫師的豪情，也是我的使命。我們研究的速度要快！用了一年多的時間完成動物實驗，並向衛生福利部申請人體試驗。我迫不及待地進行第一例胚胎中腦組織移植手術，期待這項醫學新技術可以帶來一些突破，讓這些原本將被拋棄的生命，能替想活下去的無助殘燭，重新點燃對生命的想望。

他的療效並不好。

我在他腦部的兩側基底核各植入一個胚胎中腦黑質組織，可是這個量對張光直的病情而言，著實不夠，他只進步百分之十幾，細微得難以察覺。大概還要再兩個胚胎？不，或許四個會比較有效。只可惜，流產胚胎有限，並不是每天都有人在流產，也並不是每個流產胚胎都是最適當的七週週數。

「你再等等；如果有，我馬上再幫你植入。」我說。

張光直等不到。二〇〇一年，他在美國沉沉睡去，進了沒有夢的世界。

只要再等等，或許他就有多活幾年的希望。

我一直這麼想。但是，張光直的案例讓我明白，從生病的那一刻起，疾病就不容許他們擁有等待的權利，早已殘忍地抹去他們人生字典裡的「等待」二字。

## 有效的巴金森治療手術

我們無法靜靜等候，猶如點了火的薪柴，須得持續發光發熱。

對於胚胎中腦組織移植，衛生署規定，一定得經過動物實驗，才能進入臨床試驗並運用在病患身上。在國科會的資助下，我結合了三總的神經內外科、婦產科以及影像學科，成立巴金森研究團隊。

一九九五年七月，我向衛生署提出胚胎中腦黑質組織移植治療巴金森病人的人體試驗，一九九六年三月獲得衛生署同意。同年五月三十一日，在混沌未明的人體試驗中，初試水溫地執行一位病人的移植手術。

第一階段的臨床試驗中，我們為四個病人植入胚胎中腦黑質組織；兩年後，第二階段的臨床試驗，又找到七位符合臨床試驗條件的巴金森氏症病患。根據規定，他們的年齡必須介於四十二歲至六十五歲之間，患病約六至十四年，服用藥物都已經超過八百毫克，而且藥物療效並不好，行動相當遲緩困難。

「我還自費八十萬到日本做蒼白球燒灼術。」其中一位病人一臉苦澀。他為了擺脫巴金森氏症，執意用命去拚搏；若這條命夠大、這顆腦袋夠堅強，度過了蒼白球燒灼術可能帶來的失敗、損害，他或許就可以恢復到八年前未發病時那般健勇的模樣。

他的命夠大，手術成功了！只可惜，愉悅的幸福只維持一週，病情又恢復原狀。

「你知道嗎？我有一次到飯店吃飯，結果忘記帶藥，走到一半就突然動彈不得，足足立在原地五分鐘後才能再度緩緩前行；但是，前方一旦有東西擋著，又立刻停住。短短一百公尺，我就走了三十分鐘。回憶起當時，除了羞辱感，還有難以言喻的苦痛。」

流產胚胎中腦黑質組織移植是他的希望，想恢復的欲望排山倒海而來；沒有小心翼翼，沒有觀察守望，他自願成為首批人體試驗的白老鼠。

我們替他執行了兩次移植手術，利用立體定位將從流產胚胎抽取出來的多巴胺細胞注入他的腦中；這些多巴胺活性很強，在他腦中不斷增長，像一窩築好巢穴的燕子，雀躍地繁衍。

務農的他不僅可以回到田地摘楊桃、施肥；而且，在不必服用藥物的情況之下，跳躍、跑步都沒有問題！

## 讓病人重新活一次！

他不是恢復得最好的病人；罹患巴金森氏症第四期的黃財旺，才是十一個人之中最令人振奮的奇蹟。

他第一次發病是在青春正壯年的四十歲。剛開始，只是覺得臉痲痲的；漸漸地，右邊的臉開始喪失知覺，右眼甚至無法閉合，然後就像一發不可收拾的疹子，一路從上而下，蔓延到手、腳，逐漸僵硬，無法自主活動。

「會不會是扭傷？去國術館處理一下好了。」黃財旺開始一連串的拔罐、刮痧療程，手腳僵硬的症狀卻一直沒有褪去，這才逼得他「找尋正途」，就近到高雄醫學院就診。

當他步出高雄醫學院時，醫生的診斷如雷貫耳：「你不是扭傷，是罹患了巴金森氏症。這個病不會好，只能吃藥；不過，即使吃藥，也有可能會愈來愈嚴重。」

「我還有多少時間？」

身為醫生，我明白這是所有醫生最不願意回答的問題；答案並不困難，卻令人難以直言；憑藉著專業分析，只能審慎的給予一個令人不至於失望卻又得堅強面對的答案。當初那位醫生告訴他：「大約八年吧！」

他才四十歲，歲月靜好，有妻有子，穩定地在銀行工作著，人生正穩健地行進著，什麼聽都沒聽過的巴金森氏症就要讓他的風采戛然而止嗎？黃財旺不甘願，他開始尋求偏方、求神問卜、通靈，任何一種可能給他希望的方式，他都視如甘露。

試了九年，髮鬢開始由黑轉白，病情卻不見一絲好轉，仍朝著他不願前往的那一方奔去。有時候，他就像乩童起駕，頭不自主地搖動；有時他像是在玩一場單人的「一二三，木頭人」，靜靜地僵在那兒等待魔王的指令。即使不抖也不僵，他也無法與普通人一般地正常跑跳，只能小碎步地走、小碎步地跌了一跤又一跤，連話也開始說不清楚了；可是，他還是拚了命地走、拚了命地說，「我靠意志力跟它拚了！」

他拚了命，巴金森氏症卻已經徹底綁架他的軀體。

他有一次深沉的對我說：「我這幾天都很晚睡。」

我以為他有心事。他慢慢地說，試圖要將整段話中的每個字徹底分開：「我在等我兒子回來……這幾天他很忙，很晚回來，我得等他回來幫我洗澡才能睡。」

從他身上，我感受到生存的尊嚴正在一點一滴地流失。

不僅他不甘願，他的家人也不甘心；當黃財旺四處尋求民間偏方之際，他的孩子也遍尋著任何醫學科技可以協助解決的可能。當他們知道我正在進行胚胎中腦黑質組織移植時，就跑來找我，請我讓他進入人體試驗。我坦白地告訴他們：「人體試驗並非仙丹，它有風險，而最大的風險就是讓你們失望，這樣你們還願意嗎？」

他們的神情交錯融合著堅定與絕望，告訴我說：「沒有關係，死馬當活馬醫了！」

這一句話滿溢著深沉的苦楚；他們毫無選擇的餘地，只能任由未知的醫療擺布。

我先在黃財旺的左腦移植；時隔兩週之後，再為右腦植入流產胚胎中腦黑質組織。一個胚胎大約有五十萬個多巴胺細胞，黃財旺腦中總共植入了兩個胚胎中腦黑質組織。每次手術約二至三個鐘頭，住院觀察三天就可以出院。

黃財旺很爭氣，移植部位既沒有出血，也沒有感染。才過了半年，他開始能正常地走路、爬山，甚至還考上了二專夜校，決定再把過去那十年重新活一次！

## 持續探索醫療新法

至今，黃財旺每隔三個月都會在我的門診中出現，他是來拿藥的。

流產胚胎的移植效果至今都還在他身上積極地拓延多巴胺。根據世界上所有移植流產胚胎多巴胺細胞的案例顯示，最多能活上十四年就已經到了臨界值；但是，黃財旺早已遠遠拋離那個臨界值，還在挑戰更高遠的奇蹟。已經六十多歲的他，不僅可以走、可以跳，恢復病前近八成；至今十多年過去了，他不時堅持要提著「伴手禮」來就診，有時是兩大串粽子、有時是一顆大西瓜，千里迢迢地從高雄來花蓮探望我。

只可惜，胚胎中腦黑質組織移植並不是個一勞永逸的方法。一來，流產胚胎取得不易，臨床運用上無法普及；況且，像黃財旺那麼幸運的病患，也不是常常出現。

前中研院副院長張光直等不到流產胚胎，最後不得不停下他最愛的寫作、捨去他最熱衷的考古，讓自由的靈魂揮別那副殘敗的身軀。而那位自費八十萬到日本做蒼白球燒灼術的病人，在移植之後，經過三年多的大好時光，病情又開始每況愈下。

我知道自己不能局限在成功從流產胚胎中取得多巴胺細胞的成就，我仍得繼續邁步往前走，在研究的領域中繼續尋覓任何一絲的可能，為患者找尋活下去的期待與希望。我也相信，未來必定可以再找到關於巴金森氏症的醫療新法！

# 第七章　與慈濟初相見

「校長在外面等你，已經兩個小時了。」研究進行告一段落時，助理緩步走到我身邊來，輕聲告知。

從美國回來之後，我繼續在三總「服兵役」。國防醫學院畢業之後，我們便是軍人；更準確地說，就是軍醫。由於在校是軍費生，因此畢業之後必須服十年的志願役；不過，我中間出國念了三年書，依規定得再多服八年兵役，前後加起來總計十八年。

今年是我服兵役的第十八年了，我仍然按部就班地看診、手術，週六一如以往地進研究室鑽研巴金森氏症。

「校長？」我問助理：「怎麼讓校長等那麼久呢？」

「他交代我不要打擾你。」

我快步地走出研究室，沈國樑校長正坐在椅子上百無聊賴地等著。

一看見我，他旋即起身往我迎面走來，等到我們兩人的距離近得能清楚聽到對方音量時，他劈頭就問：「你為什麼要離開？」

## 進口人頭

完成美國學業回到三總繼續任職之後，我每一年平均的出國次數大約十次。

我到全世界參加各種國際型醫療會議以了解腦神經外科的新趨勢，包括演講分享、交流討論、聆聽最新的研究報告。有時候我也把握時間，到當地學習新的手術方式；只要是能加快術後的傷口癒合、減低副作用、提升療效的術式，通通都不想錯過。

升上神經外科部主任之後，我有更多的國外研習機會。然而，出國一趟並不輕鬆；每次要去學一個新的術式，就要放下工作至少一週，還得繳交高昂的學費。我一直在思索：「這樣真的值得嗎？划算嗎？」受惠的只有我一人，一個人的力量能有多大？我只有一雙手，一天也只有二十四小時，能診治的病人相當有限。

太慢了！我不能放任自己沉浸在學習的喜悅之中。

還記得當年在施純仁教授的帶領之下，他時常鼓勵我們，對神經解剖一定要很熟！他會有這樣的想法，源自於他在加拿大進修時的訓練所帶來的純熟技術。

一九五六年，他獲得中華醫藥董事會獎學金的支持，準備出國進修神經外科。原本他選定到美國的伊利諾大學，跟隨當時美國知名的腦神經外科教授學習；但是，當時中華醫藥董事會的主席卻力勸他到加拿大麥吉爾大學的蒙特婁神經科學研究中心，「畢竟那裡才是美國與加拿大的神經醫學聖地。」

施純仁教授被說服了，這一去果然收穫滿滿。

他在加拿大時，如果有人往生了，他就負責去解剖；在加拿大的醫療制度中，往生病人的解剖動作並非由病理科醫師執行，而是由手術經驗豐富、下刀俐落的外科醫師施作。醫療儀器當年還在不斷改進當中，也不如今日有那麼多影像設備可以支援；解剖就猶如一張藏寶圖，可以讓醫師在層層解析之中獲得意想不到的新知識。

解剖不只是要給病人、家屬一個確切的病因，同時也是醫生學習的方法之一；從病人的死亡原因與併發症中，可以汲取用藥與治療的改進方針。病人是我們醫生的老師；這些過世的人，用他們的死亡，帶給我們尋找智慧的方向。

施純仁教授還常說：「來神經外科的人要夠有膽！要偷懶的就別來！」想到他這一句話、想起他精湛醫術的學習方式，我腦海中浮現一個瘋狂的想法——我要進口人頭！

華人社會普遍保存著「死要留全屍」的想法，因此大體捐贈招募不易；無論是醫學生或是醫師要從解剖中汲取知識，以這樣的社會風氣與條件，並無法滿足我們的需求。

一位大體老師可以訓練好幾名醫師，也不用花那麼多錢到國外去學。在這樣一舉兩得的想法之下，我運用在國際會議上所結交的人脈，好不容易在美國張羅到十二顆人頭，供腦神經外科醫師作為訓練學習之用。

這些進口的頭顱有些是流浪街頭的旅人、有些是自願奉獻大愛的善心人士，無論貧富貴賤，他們生前都同意捐出大體作為研究教材；不過，他們當時應該不會想到，最終竟飄洋過海，來到一個如此遙遠的島嶼國家。

他們被完善地封存，送上了飛機，抵達臺灣海關。海關人員一打開，看到這些頭顱，大吃一驚，大家都嚇壞了，趕緊再將箱子封好。

十二個來自美國的頭顱，被放置在國防醫學院的解剖室內。既然千辛萬苦地進口了人頭，我也希望受惠的不僅是三總的神經外科部醫師，因此將這個機會開放給全國的神經外科醫師，歡迎他們來此練習顱底手術；因此，參與的成員包括醫術精湛的神經外科名醫，也有初出茅廬的住院醫師。

顱底是供應腦部神經血管的出處，大腦的十二對神經都在此交會，前、中、後大腦動脈以及內頸動脈也在這裡形成血管網絡。因此，若是顱底有了病變與病灶，手術的風險可想而知；一不小心傷及血管，就可能導致中風、功能損壞，沒有一位醫師敢在沒有練習的狀況下就對病人動刀。

這些經過酒精、酚特殊處理的頭顱，動靜脈分別注射了紅色與藍色色劑，方便練習者分辨。首批二十個學員，每兩人可以分到半邊的頭顱進行三天的練習。他們翻開皮瓣、鋸開頭顱，仔仔細細地研究顱內組織構造；無論是腦血管瘤、三叉神經瘤、腦下垂體瘤、顱咽瘤等，顱底手術適用的範圍相當廣泛。

有了這些頭顱，臺灣的神經外科醫師終於不必千里迢迢地跑到國外去練習。

## 來自慈濟的邀請

在三總，我從一個住院醫師開始，一路當上了神經外科部主任，也完成了胚胎中腦黑質組織移植、兩次進口人頭以供手術練習與研究的醫學任務。十八年過去了，我也到了可以退伍的年限。

我在三總有一個極為親密的好搭檔，無論是進行移植、手術診斷，若沒有他的專業，我的成功率就可能有折損的風險，他就是影像醫學部的主任李超群；巧合的是，他也到了可以退伍的年限。

「要不要出去看看？如果要走，我們一起走！」

忘了是誰先提這句話的，只記得我們有相同的共識。

我們找了很多家醫院，從北到南；有些醫院只有一個缺，有的醫院在軟硬體設備上的條件不如預期；最後，花蓮一家財團法人機構的副總執行長，親自找上我們，這家機構轄下有一座醫院。

李超群有事情耽擱了，我先跟對方談。

「如果到你們那裡去，我打算把三總的神經外科複製過去，無論是臨床、教學或是研究都要兼備，而且儀器都要是全國最好的。」我有個夢想，這個夢想很大，需要用很多時間，也要投入非常龐大的經費，我以為這家花蓮的醫院會知難而退。

沒想到，對方沒有短促的呼吸、沒有刻上眉間的紋路，只是朗朗的說：「好啊！當然沒有問題，我們非常歡迎你來我們這裡實現夢想。」

她，是花蓮佛教慈濟基金會的副總執行長，林碧玉女士。花蓮慈濟醫院是慈濟基金會所蓋的醫院，位在後山偏鄉，當時也只是一所區域醫院，卻能包容我的雄心。當時我心想：「就決定去那裡了！」

但是，這句話還來不及說出口；「醫師，緊急狀況，可能需要你來看一下！」護理同仁的通知，讓我還沒來得及在林碧玉副總帶來的合約上簽名，就匆匆忙忙地趕去病房了。

等處理好之後，回頭的路上我遇見了李超群。我問他：「談得如何？」

「我已經簽約嘍！」

「這麼快？」

李超群訝然地看著我：「你還沒簽？我以為你已經簽約了。」

說好一起走的，雖然我還沒簽約，想去花蓮慈濟醫院的這個決定想必也是不會改了；於是，我擬好離職書，一關關地往上呈送，就等著最後的院長簽核。我告訴李超群：「我們一起去花蓮吧！」

碰在一起時，我們會討論到花蓮之後的規畫，會想像著如何在偏鄉的醫院建構我們的夢想。

在正式離職日到來之前，我一如往常地看門診、動手術，週末假日就窩進研究室裡，繼續在巴金森氏症的領域中找尋一線希望。

怎麼也想不到，國防醫學院沈國樑院長會親自到研究室留人。「我不會批准的！」他速度放慢、咬字清楚地說：「這裡還需要你把神經外科再帶一帶，看能不能更好一點。」

他是我尊敬的老師，就這麼一句話，我只好選擇留下來。「可是……我說好要跟李超群一起走，他已經先簽約了，怎麼辦？」

「李超群？怎麼可以！他還有很多事情要做。」沈國樑是浙江人，又是中將，相當霸氣，直說：「走！我帶你一起到花蓮把他的合約拿回來。」

翌日，我們搭乘飛機從臺北到花蓮，一路不停歇地直奔花蓮慈濟醫院。林碧玉副總聽到我們來跟她要李超群的合約，態度溫和卻堅毅：「不行，他已經簽約了。」

最後，我們沒有要回李超群的合約。之後，他先前往慈濟就職；而我，繼續留了下來。

# 第八章　建立花蓮的「梅約醫學中心」！

來到花蓮慈濟醫院三個月了，也見過醫院的董事長、同時也是慈濟基金會的創辦人——證嚴法師。在這裡，大家都尊稱他「上人」；這是佛教術語，對於出家眾的敬稱，我便有樣學樣地跟著稱呼。

醫院距離上人住的靜思精舍並不遠，只有十公里不到的距離；為了讓上人了解醫院會務進行，我們不時會到精舍向他報告。

我是軍人，大剌剌的，只要一見到上人，就會跟他握手打招呼。「上人，您好。」我伸出雙手，微微鞠躬。在西方，這是相當合乎禮儀的問候方式；在過往的職場上，這麼做也從未失誤過。

上人微微笑著說：「林醫師，你好。」細語中伴著輕輕頷首。

上人的手很纖細。

農曆年前後，我去參加了一場慈濟舉辦的營隊，營隊的課程豐富多元，有資深教師的工作經驗分享，也有資深慈濟志工分享慈濟基金會創立的因緣與點點滴滴，還有精舍師父來教導生活禮儀。那堂禮儀課我已經記不清課程名稱是什麼了，帶給我的震撼卻絕對是最大的！

天啊！原來，見到出家眾的問候方式，是合十問訊或頂禮；而我這個門外漢，竟然跟上人握手！卻一直沒有人糾正我！

## 與上人初相見

在退伍「失敗」之後，我又繼續留在三總長達五年的時間。精於影像傳輸硬軟體的李超群到慈濟醫院之後，建構了一套領先全國醫學中心的「醫療影像擷取與傳輸系統」。傳統的X光拍攝是穿透患者之後，照射在軟片上，然後再沖洗出來，等待沖洗的時間相當耗時。李超群於是設計一套系統，將X光照射與電腦、網路予以串聯；病患只要拍攝完成，影像很快就能透過網路傳輸到醫生的電腦中，平均只需要一分鐘；不僅速度快，也不必洗片子，相當環保。整個花蓮慈濟醫院共有一百多個點可以傳輸影片。

他在慈濟持續地研發、推動，也一直在跟我述說慈濟醫院的「進展」；「你快點來！你當初的理想，這裡都在逐步落實了。」

他的話勾勒起我腦中那幅美好的藍圖——一座座精密的儀器，為病人帶來更妥善的照顧；一間間設備完善的研究室，是提供創新研發的最佳基地。我有很多研發想做，然而研發不一定能賺錢；在研發成功之前，必須得不斷地燒錢、耗時間，往往一耗就長達十五、二十年，還不見得能成功，因此很少有人願意支持研發。

李超群告訴我，慈濟醫院正在做。據說，在醫院啟用之初，上人就萌生成立研究中心的想法；一九八六年慈濟醫院啟用，一九九二年就成立「慈濟醫學研究中心」，期待研究與教學也能成為醫院重點發展的一環。當時的臺大醫學院病理科教授蘇益仁獲聘擔任顧問，他上任時曾言：「臨床醫師不做研究、不與外界接觸，一定會慢慢落伍；就好比一個電瓶，用完就不再充電，就會逐漸失去動力。」

二〇〇〇年，當時的世界心血管權威李哲夫、精於藥理的郭重雄以及我，爭取到第十二屆國際腦血瘤暨代謝研討會的舉辦權；這場首度在臺北舉辦的國際會議，估計將有七百多位來自世界各地的知名學者齊聚，同時發表超過一千篇論文。雖然每人都是自費前來，並繳交美金五百多元的註冊費，我們主辦方仍得募資高達兩千多萬元，才有辦法撐起這場國際會議。

我們四處籌款，並找上了慈濟基金會。

「聽說慈濟醫院現在很缺醫生，我們就先講好了，如果證嚴法師願意協助，我們三個人就一起跳槽過來。」這個我們三人在去程火車上所許下的承諾，沒想到在幾個鐘頭後，就逼得我們必須兌現了。

上人相當支持這場國際會議！「我對科學很支持，一直以來也很希望慈濟醫院能致力於醫學研究，找出更多能造福病患的新科技。」就這樣，他大方地贊助兩百萬元的支持資金，足足是我們總募款資金的十分之一。

這中間還有一段有趣的小插曲。雖然五年前我曾打算到慈濟醫院工作，但我終究沒來；當時是林碧玉副總到臺北找我面談，我跟上人素未謀面。

但是，上人一見到我就說：「我認識你。」

「上人怎麼會認識我？」我好訝異。

「報紙上認識的，聽說你還進口人頭。」

在國際腦血瘤暨代謝研討會順利落幕之後，我們各自整裝。郭重雄先從臺中榮總研究部主任一職退休，來到慈濟大學任教；不久後，我也從三總退伍前來，李哲夫教授則晚一年到慈濟大學任職。最終，我們都信守那個未曾告訴上人的承諾。

我們三人至今都還留在花蓮慈濟大學以及慈濟醫院；雖然中途我曾「出國留學九年」，那也是之後的事情了。

二〇〇一年十一月三十日，我從三總退伍，十二月一日就到花蓮慈濟醫院報到。來到這裡，覺得未來一片美好：藍天白雲，真好！雖然我不清楚上人的故事，也不明白慈濟做過什麼事情，心裡只覺得他很慈悲，是個好人。

農曆年前後，郭重雄興沖沖地跑來問我：「欣榮，最近會舉辦一個慈濟教師營，有沒有興趣一起來聽課？」

「醫生也可以參加嗎？」

「可以、可以！」郭重雄知道我還有門診要看，貼心地跟我說：「你可以利用工作空檔來聽幾堂課，我想應該能有所收穫。」

我想，反正時間也可以配合，去參加看看也好；上的幾堂課程都很豐富、精彩，也讓我學到許多。

上過禮儀課程之後，再見到上人時，我就再也沒跟他握手了。

## 接任花蓮慈濟醫院院長

在三總，我與隔壁研究室的韓鴻志教授一直在研究中草藥，希望能從中找尋與西方醫學結合的可能。其中，我們找到一個成分，渴望為乳癌覓得新的治療藥物。

當時，美國西岸最古老的大學，同時也是美國西北部最大的大學——華盛頓大學（University of Washington）提供兩個「技轉」的機會，歡迎各界投遞計畫。所謂的技轉就是技術轉移，意即將紙上談兵的研究化作產品，真正運用在臨床上。當時，我們也將計畫送到美國，是全世界幾百份計畫的其中之一。

當時我問林碧玉副總：「如果我們被選上了，等拿到錢、發展成藥之後，妳打算怎麼做？」

她想也沒想，幾乎是在一秒鐘之內就回答了：「窮人不用錢！」

很可惜，我們是第三名，並未入選；後來我們也發現這個藥物結構太過複雜，並不容易合成，因此也就沒有繼續開發。

但是，林碧玉副總那個不假思索、令人動容的答覆，感動了我。

二〇〇二年七月一日，陳英和醫師卸下院長之職、受聘為名譽院長，並將院長的棒子交給了我。當我得知這個訊息之後，某次在與林碧玉副總討論事情時，我請教她：「林副總，妳希望慈濟醫院會是一所什麼樣的醫院？」

「若說要像臺大醫院，好像太過自大了；要像其他的大型私立醫院，又過於功利。」她笑咪咪地望著我，也不知道是開玩笑還是認真，她接著說：「我們以梅約醫學中心（Mayo Medical Center）為志向吧！」

還說要像臺大醫院會過於自大呢！

梅約醫學中心位於美國明尼蘇達州的羅契斯特市（Rochester），這是一個人口不到十萬的樸實小鎮，幾乎有半年的時間都籠罩在冰天雪地的氣候裡。雖然地處偏遠、氣候條件不甚美好，梅約卻是全美排名數一數二、最負盛名的醫院；不僅是當地民眾的依歸，遠自世界各地前來求診的病患更是不計其數，是全球醫師最嚮往的學習所在。

且看花蓮人口，即使加上臺東，也不超過五十萬人。早年，東臺灣因為缺乏先進醫療設備，急症病人很難保住生命；就算要將病人北送，也失去搶救生命的黃金時間，只能無奈地看著生命在分秒間消逝。

在籌備資金建院之前，上人有感於東部貧弱民眾就醫的無奈，因此成立義診所，而後發願蓋醫院。當時上無片瓦、下無片土，眾人曾力勸上人：「不如先蓋一間中小型的醫院就好。」

即使當時經費遠遠不足，上人卻沒有一絲的忐忑不安，只是堅定地說：「東部需要一間大醫院，我希望能蓋一座『臺北能，花蓮能；臺北不能，花蓮也能』的醫學中心。」

二〇〇二年七月一日，我接任花蓮慈濟醫院院長一職，這座醫院的等級當時是準醫學中心；我心裡清楚明白，在職期間最大的任務，即是讓這座醫院升格為醫學中心，成為臺灣醫療院所分級中最高等級的醫院！

夜裡，下了班的我步出醫療大樓，站在夜幕中回頭看著慈濟醫院那既忙碌又安靜的身影，整齊劃一的窗戶閃爍著通明的燈火，我在心裡告訴自己：「我一定要做到！」

# 第三部

我的同僚便是我的兄弟姐妹。

——《日內瓦宣言》第七條

# 第九章　找尋人才

他就跟我的祕書坐在一起，桌子上除了一支電話，只有落日的餘暉，連一支筆、一張衛生紙也沒有，遑論桌上型電腦……

坐在那張靠牆的座位上，許文林回想起自己前一天還在三總的辦公室；他那間行政副院長的辦公室，比這所東部偏遠醫院的會議室還要大，裡頭甚至還有一間設備完善的小套房，要休息、淋浴都可以。

當他遞出辭呈說要到花蓮來任職的時候，所有人都覺得他瘋了；三總的院長前後退了他七次辭呈，但是他心念堅定、屹立不搖；即使當時他的官階是升少將的第一人選，他仍毅然辦理自動退役，要走就是要走！

他有豐富的行政與醫療經驗，更是腫瘤科的副教授，還有美國杜蘭大學（Tulane University）醫管碩士學位；因為我的一句話，他就這麼拋下在臺北光鮮亮麗的日子，下鄉來到花蓮「開疆闢土」。但是，在初來乍到的那幾天，他總望著身旁那面潔淨如白的牆，心裡想著：「來到這裡，是對還是錯？」

## 缺少醫生的醫院

我離開三總時，三總光是神經外科部就有十幾個主治醫生。初到花蓮，沐浴在這裡的柔和光線之下，讓我備感陌生的不是風景，而是慈濟醫院的神經外科竟然只有三名主治醫生！細數其他科別：神經內科五人、精神科四人、放射腫瘤科一人——而且還準備要離職了。

主治醫師人數少，住院醫師更是少！以神經外科為例，稍有規模的醫院至少也要有六名住院醫師，醫學中心等級約要有十二名，三總再怎麼不濟也會有八名；然而，這裡的神經外科的住院醫師當時只有一位。

即使慈濟醫院已經營運了十六年，以人力、設備看來，依舊是「草創」；但我們的目標是醫學中心，我該怎麼辦？我的心像是進入了一道沒有光的幽暗隧道，心裡的壓力豈止是「頭痛」二字就可以形容的……

我不允許自己毫無目的地浪費時間，只能發呆地緊蹙眉頭。我很快就在心中擬定方向，決定從兩個方向著手：找人才、買設備！

設備要最好的，三總有什麼，這裡就要有什麼；制度方面，無論是臨床科部會議、研究各部會議、教學各部會議等，也悉數複製三總。它畢竟是百年老店，已經建立一套完整的運作制度，況且我也很熟悉。

設備與制度的採購和建立並不困難，重點在於尋覓人才。

花蓮基督教門諾會前院長薄柔纜（Roland P. Brown），曾於臺美基金會在洛杉磯頒發社會服務獎上臺領獎時，感性地說：「臺灣的醫生好像覺得到花蓮很遠，到美國比較近；因為，沒有人要去花蓮，倒是很多人跑到美國來了。」

他的這一番話，道出了花蓮求才的困境。

那段期間，無論是國內會議或是國際會議，碰到相識的醫生，我總會習慣地問：「你有沒有打算來花蓮慈濟醫院工作？」

第一個跳進來的是陳新源，當時他在臺北醫學大學附設醫院。我們相識的那年很難令人忘記：四年一次的神經外科醫學會在澳洲雪梨舉辦，才剛下飛機，新聞就傳來美國紐約世貿中心雙塔被恐怖分子脅持的飛機撞上的消息。

在那場會議上，他跟我說他想要朝功能神經外科發展；身為一位神經外科的醫師，他對腦瘤手術、脊椎手術興趣缺缺，反而對巴金森氏症治療相當敏感，我把這句話記了下來。一年後，我來到慈濟醫院並執掌院長之職，便毫不猶豫地打電話給他；在調整呼吸之後，我問他：「你說你對巴金森氏症有興趣，但是你有看診過巴金森氏症的病人嗎？」

「有，之前曾跟著神經內科一起看過診。」

「你有做過手術嗎？」我再問。

「沒有。」

我找到誘因了！手上的筆下意識地敲打著桌面上的資料紙，我告訴他：「來慈濟醫院吧！我教你做巴金森氏症的手術。」

他來了，我也承諾將巴金森氏症的研究與臨床醫學悉數傳承。現在，他可以說是臺灣巴金森症治療的權威，就連其他國家的醫生要學習相關手術，都會來到花蓮向他請教。

另一位神經外科醫師邱琮朗則是我在三總時的舊識。雖然我們只短暫共事過一年，但我知道他對研究及最新的手術療法極有興趣；當年他總跟著我一起研究到凌晨三、四點，好幾個等待日出的日子裡，我們一起抓老鼠、一起吃早餐。

離開三總後，他到中國醫藥大學附設醫院受訓、工作，已是一位資深的神經外科醫師了。我們仍然保持聯絡，偶爾他也會跟我說說他的心聲。

「每天都在做相同的事情，覺得自己好像沒有進步，我很害怕自己這一輩子就會這樣直到結束。」他跟我說，他有接不完的病人、開不完的刀，日子很忙，卻找不到意義與價值。

很多醫生喜歡這樣的人生，愈忙、手術愈多，賺得錢也就多，但是邱琮朗想進步，他對我坦白：「我想去進修，念博士班，你覺得如何？」

「當然好！」我知道中國醫藥學院醫學系並沒有博士班，因此開懷地告訴他：「那你來慈濟吧！我們醫院隔壁就是慈濟大學，慈濟大學醫學院有博士班，說不定我還可以當你的指導老師！」

我再問：「你有沒有想學什麼？」

邱琮朗想了想：「繞道手術吧！」

當時，全臺灣只有兩位醫師會執行腦繞道手術；一位是在一九八〇年代將難度相當高的腦血管瘤與顱底腦瘤手術引進臺灣的臺大醫院杜永光醫師，另一個就是我了。

邱琮朗來了；他到職的第一天，就換上手術服進手術房開始執行手術。我也信守承諾，將腦繞道手術傳承給他；他執行的腦繞道手術現在已經高達三、四百例了。

## 連辦公室都沒有的癌症醫學中心主任

我招募的人才之中，「受害」最深的大概就是許文林了。

當時他在三總已經升任行政副院長，也即將升上少將。我原本並沒有「打他的主意」，但院內唯一一位腫瘤放射科主治醫生已經遞出辭呈，我不能讓腫瘤放射科鬧空城。

我下定決心，打聽任何可能帶來人才的訊息，於是我撥了通電話，慎重地請託許文林：「你有沒有認識哪位不錯的腫瘤放射科醫生？我們這裡缺醫生。」

幾天後的週四，我又打了電話；許文林難得放假，當時他正在打高爾夫球。他一接起電話，我等不及地劈頭就問：「有找到人嗎？」

他說沒有。於是我直截了當地說：「那就你來吧！我們不只缺放射腫瘤科的醫生，現在也正在設置癌症醫學中心，你最適合了！」

隔兩天的週六，許文林搭著七點的飛機從臺北來到花蓮；當時他心底有個小計畫，抵達慈濟醫院莫約是早上八點，時間還這麼早，或許我、林碧玉副總都還不在，他得先去看看所謂的「癌症醫學中心」長什麼樣。

只可惜不如「人算」，我們全都在那裡等他了。

那一趟，他沒有到癌症醫學中心去看，事後他坦白告訴我：「如果那天我下去看了，我一定掉頭就走！」因為，當時的癌症醫學中心根本只是一個空殼子而已，沒人、也沒新設備。

回到臺北之後，他問了人生中最重要的三個女人。

他先問媽媽，同不同意讓他去花蓮工作，許媽媽直說好。她是慈濟的會員，對慈濟基金會很有信心，對上人更是敬服：「那裡有上人在，點火也不會著。」老人家的話中蘊含著藝術，言明花蓮會是一片祥和之處。

接下來他問了太太，太太也很支持，話語間盡是夫妻間的溫暖關懷：「去花蓮好啊！繼續在臺北的話，你應酬那麼多，身體遲早有一天會壞掉。」

最後，他問了女兒。女兒卻是一臉不在乎地說：「你去哪裡都沒差，反正我都看不到你。」醫生的工作實在太忙了，早上他去上班時，女兒還在睡覺；深夜回到家，孩子也入睡了。

軍人要辦理退伍，依規定得提早三個月提出辭呈，他的就職日期是二〇〇二年的三月十六日；不過，他知道慈濟醫院缺人，尤其農曆年間更是無法負荷病人的需求，於是情義相挺地前來支援。

那天，林碧玉副總在醫院走廊遇到他，熱情地邀他一同回靜思精舍和上人共進午餐，許文林卻拒絕了她，理由是：「吃飯是小事，病人比較重要。」

他是出了名的工作狂，從當實習生至今，沒有休過國定假日，過年也都在醫院待命；他常說：「休假事小，但是病人的治療不能因為這些假日而中斷。」

剛就職時，他的辦公室還沒整理好，我只好先委屈他和我的助理、祕書坐在一塊，連一臺電腦都沒有辦法給他。後來，他終於有了自己的辦公室，空間比他在三總辦公室裡的那間套房都來得小，而且是在地下室。我常不好意思地跟他說：「不好意思，把你哄過來了。」

許文林說，他剛來的時候也曾經想過，來這裡究竟是對還是錯？不過，他天生就是個軍人，天不怕、地不怕，不僅把放射腫瘤科打理得妥妥當當，同時也承擔起主持癌症醫學中心的重任。

他來到這裡的時候，帶來一張自己畫的圖表，規畫著肺癌團隊、子宮頸癌團隊、泌尿道癌團隊……上頭密密麻麻的，那是他的藍圖、夢想、規畫；這張圖表上的每一個職務都還找不到人勝任，只有癌症醫學中心主任寫著他的名字。

我讓他自由發揮，只有需要設備、需要錢，我想盡辦法替他解決。在三總那樣國家級的醫院，什麼都大、什麼都好；來到慈濟醫院，重要儀器都沒有，但我總告訴他：「那裡什麼都有了，多沒意思啊！」

這是件苦差事，但我信任這位老朋友、新夥伴。數據會說話，許文林的行政管理能力著實傑出，來到這兒布局不過才幾年光景，那張圖表已經填滿了各地來的人才了。

## 不斷往前跑的醫師魂

口述／邱琮朗（花蓮慈院神經醫學科學中心主任兼神經外科主任）

院長很聰明，思考反應相當快，往往他已經講到第三句話了，我才了解他剛剛講的第一句話的意思。他的思考邏輯真的太快了！

或許就是這樣的思考邏輯方式，讓他積極走在創新的路上。若是一項手術的恢復期太長，又或者是使用藥物的副作用太多，他就覺得應該還會有更好的方法。

以手汗症為例。當時我們都還在三總，他是神經外科部主任；原本對於手汗症的手術方式，我們習慣從背後動刀，傷口約十公分，手術後疼痛難耐，還得住院觀察。

某一天，他像是發現了珍藏藝品般，很興奮地跑來對我們說：「我看到有一位醫生是用內視鏡從胸腔進去執行手術，傷口才一點五公分而已，你們可以去學看看。」

我跟另一位醫師去學了，回來之後操作給他看，他看了仍然不滿意，反覆思索後告訴我們：「如果用一樣的方式，但我們改變路徑跟麻醉方式，就可以達到一樣的成效，還能降低出血量。」

他的這番新思維，後來在執行上證實是正確的，甚至還將一個鐘頭的手術時間縮短至三十分鐘就可以完成！

他很聰明，更懂得如何舉一反三。

有一次，我跟他還有徐偉成主任在討論中風病患為什麼癒後的效果總是不甚理想，不知道是誰開口說：「因為腦子裡面幹細胞壞掉就不會再生了，沒有幹細胞怎麼會好？」

就這麼一句話，讓他靈機一動：「如果將顆粒球細胞生長激素G-CSF注入患者體內，是不是就可以刺激他的幹細胞再生？」

現場的我們全愣住了，心裡共同的想法是：「為什麼我們沒想到？」

顆粒球細胞生長激素G-CSF是個老藥，我們時常在使用，尤其運用在血癌上作為殲滅療法的主要用藥；當化療連同癌細胞以及血球細胞殺死之後，醫師們便會施打顆粒球細胞生長激素G-CSF，刺激幹細胞新生，維持造血的功能。

同理，中風患者也應該能用來刺激幹細胞增生！

後來，我們展開全球首位自體幹細胞治療人體試驗，完成三十位中風半年至五年的慢性患者治療，成效令人驚喜；他們不僅可以將無力的肢體抬高，還能握拳，連原本講話困難的人都恢復了言語能力。

他不自私，並不因為學會了某項新技術就死守著；他會交給別人，接著自己又去學新的技術。但是，當他回過頭來看到你還一直在做著相同的事情，就會勸念著：「你怎麼都沒有創新？怎麼都沒有進步？這樣是不行的。」

跟著他就要一直跑；他往前跑，我們在後面一步也不能落下。

# 第十章　鑰匙孔手術救父

我以為我會很緊張。

腦動脈血管瘤，這並非是惡性的腫瘤，而是動脈血管壁在長年累積的血流不斷地沖刷下，形成了一個囊腫，一旦破裂就有生命危險，不是出血性腦中風，就是死亡；能僥倖逃過的人，必須相當幸運。

我吐了一口氣，試圖在腦中模擬等一下的手術流程——

我必須找到動脈血管瘤的位置，之後再用動脈瘤夾夾緊腫瘤的頸部，讓血液與動脈瘤分離；沒有血液之後，腫瘤就不會長大。動脈瘤夾緊的這個動作不容許有任何閃失，成敗就在這一瞬間；否則，鮮血噴發，病患可能就會死在手術臺上。

我以為自己會很緊張，或許還會忍不住全身發抖；但我穩定地仔細刷洗每一根手指頭以及指縫，消毒專用的刷子帶來密密麻麻的微刺感，之後再用碘液消毒。這些動作，是為了確保患者在無菌的狀態下開刀安全。

基本的術前清潔程序完成之後，走在前往手術房的走道上，像一隻形單影隻的孤鳥；但是，預期的恐懼卻沒有出現，我發現自己竟然還吹著口哨、哼著歌，心情輕鬆。

我走入手術房，這個空間有我習慣的消毒水混和著酒精與優碘的味道，儀器正嗚嗚地運轉，一切都如此地熟悉與正常。所有醫護同仁都準備就緒，病人也早已因為麻醉而進入睡眠狀態。我靠近患者，專注地看著他，猜想：閉著眼睛的他，在手術之前，內心是否對我寄予厚望呢？

閉著眼睛的這張面容，是我再熟悉不過的面孔——他是我父親。

## 對手術的嚴格要求

我拚了命地找齊各科的主治醫生；從三總跟著我一起到慈濟醫院的研究夥伴韓鴻志，則是盡力地補齊研究方面的人才。慈濟醫院當時大約有八個研究室，但是規模都不大，一間研究室往往只有一位主持人搭配一位助理而已。

「你來當助理，順便念碩士、博士，工作內容就是你的畢業論文，這樣既可以工作又能拿文憑的機會，是不是很好？」韓鴻志這番一舉數得的規畫，很快就招滿了研究人員，讓慈濟醫院的醫療研究計畫得以推動。

有了好醫師、研究團隊，設備更是要周全。

東臺灣首例開腦手術在慈濟醫院。當時是剛啟業的第四天，救護車緊急送來嚴重車禍的病患。這位名為徐淑干的女孩才十六歲，當時沒有電腦斷層攝影，自臺大醫院到慈濟駐診的神經外科醫師蔡瑞璋無法借助精密儀器診斷，只好暫且先送入加護病房觀察；但是，才不過幾個鐘頭，徐淑干的一邊瞳孔竟然放大了！

憑藉著專業與經驗，蔡瑞璋判定徐淑干有顱內出血，再透過瞳孔反射研判，應當是右下腦出血。

然而，這一切都只是判斷，沒有精密儀器協助精確診斷。要不要開刀？蔡瑞璋決定告訴家屬所有的風險，請家屬決定。

最後，在試圖將不安逼回黑暗的角落後，家屬簽下了手術同意書，徐淑干被送入了手術室；蔡瑞璋謹慎地畫下第一刀，也證明了他的判斷是正確的。

儀器設備相當昂貴，卻是精準醫療不得不仰賴的工具，以降低手術風險、提高治癒率。我們陸續採購儀器，包括核磁共振攝影、電腦斷層攝影等，全臺灣最好的醫療儀器幾乎都可以在慈濟醫院看到，甚至還有六十四切電腦斷層冠狀動脈掃描，這臺機器很多醫院過了十幾年後才有；我們還有一臺迴旋加速器，當時全臺只有北榮跟慈濟有。

人員慢慢齊全了，設備也都更新了，對於醫院管理我更是嚴謹以待；若說當年的施純仁教授很嚴格，現在的我也不遑多讓，例如對於手術的要求。

某一次腦瘤手術，我換上手術衣，仔細地刷洗雙手，準備到開刀房去；雖然這一場手術根本不需要我去，我既不是主刀，也不是助手，不過我還是想進去看看。

手術正在進行當中，生命跡象也很穩定，大家各司其職，這場手術沒有什麼好擔心的，雖然腦瘤並不好處理。大家的目光都聚焦在病人的頭部，頭蓋骨已經被打開來了，醫生正在盡力清除那顆腫瘤。

我也朝著正在開刀的部位望去；不看還好，一看之下，實在忍不住。「說過多少次了，手術傷口要乾乾淨淨。」我走了過去，盡量不干擾大家的工作動線，但說話音量清晰可辨，現場的人都能聽得清楚：「你們只注意到要如何取那顆腦瘤、止那裡的血，但周邊布滿著鮮血、棉花、紗布，若一個沒注意，紗布掉進去了怎麼辦？」

我喜歡手術傷口周邊都保持得乾乾淨淨，這是最基本的工作，很多人卻都忽略了。

很多同仁一看到我，心裡浮現的第一個念頭就是：「不知道院長又要念什麼了？」

有一次，我回精舍跟上人報告醫院會務。報告完之後，上人一如往常，語氣溫柔地說：「你要帶領團隊，解決別人不能解決的問題。」他看著我的眼神不同於話語的柔軟，堅毅得像是毫無轉圜餘地：「你要帶團隊，不要一個人做。」

## 為父親動手術

或許是軍人的天性，也或許是我日漸感受到上人的智慧與柔軟，我聽話地開始整合一個個團隊，包括腦中風團隊、加馬刀（Gamma knife）團隊、巴金森治療與研究中心等，每個團隊都是結合該疾病相關各科室，讓病人不必自己在各科間轉診。在健保卡還須蓋章的年代，我們力求病人看診一趟下來，只要在健保卡背面蓋一個章就好，無須一連蓋上五、六個章。

每個月，我會到大林慈濟醫院舉辦聯合門診。慈濟醫院的巴金森團隊吸引來自全臺各地的巴金森氏症患者就診；因為巴金森病患必須常常回診，在不捨病人南北奔波、「寧願醫生跑，也不要患者奔波」的體恤之下，我們固定每個月到大林會診一次。

最開心的莫過於家中二老了，他們時常從臺南開車到大林來探望我；有時只是問候一聲、看看我就離開了，有時則是帶著鄉親患者來看診。

我們家庭成員的互動不像西方家庭那樣開放大方，親親抱抱不可能，甜言蜜語更是說不出口；表達對彼此的關心，往往都是一句：「身體好嗎？」

這天，一如往常，他們只是想來看看我這個難得回家一趟的兒子；「最近一切都好嗎？身體好嗎？」我問。

「都好、都好。」媽媽說完之後，突然像想到什麼似，隨即說：「前幾天你爸爸去祖墳要砍掉那一棵樹，梯子架好後爬上去，頭一暈，差一點就摔下來了。」

「沒有摔下來啦！我知道不對勁，所以自己意識清楚地滑下來。」爸爸趕緊搶著接話，「不要擔心，現在都沒事了。」

「我想我們還是安排檢查好了，我現在馬上幫你們掛號。」我的胃在翻攪，但仍試圖不將擔憂寫在臉上。檢查結果出爐，我的直覺果然成真，攝影檢查顯示父親腦內「前交通動脈」有一顆血管瘤，而且已經有一點二公分大了，隨時都有爆裂的危險。

沒有毫不體貼的說明，也沒有太多言語琢磨，我只告訴兩個老人家：「我替爸爸動個手術，做完頭就不會暈了。」出於對我的信任，他們什麼也沒問。

我即刻幫父親安排手術。在他的右眼皮上方顳葉與額葉交接處，我開一個約三公分大小的傷口，小心翼翼地透過這個小孔將器械伸入顱內，謹慎地在腦神經以及血管密布的腦深處進行手術。

有別於以往的開顱手術，能以最清楚的視野掌控全局，這種「以孔窺天」的微創手術並不輕鬆，但是傷口小、恢復快，更能大大降低對腦組織的牽拉所造成的損害風險。這樣的微創手術猶如由鑰匙孔可以觀測房間內相當大的視野一般，因此又被稱為「鑰匙孔手術」。

我父親曾經動過心臟手術，由魏崢教授執刀，術後至今一切安康，唯有必須長期服用抗凝血藥物，這讓我的動作必須加倍輕柔。動脈血管瘤是神經外科最危險的手術之一，我得更小心、更謹慎，必須要毫無差池。

看到腦血瘤了！拿起動脈瘤夾，屏氣凝神，快、狠、準地一夾！

結束之後，我看了一眼時鐘，整整八個鐘頭。重重吐出擱在心底的那一口氣，我宣告：「手術完成。」

三天後，父親可以下床了，其他病人見他，都不免嘖嘖稱奇地說：「動了腦部的手術，怎麼頭髮還是那麼茂密？」

鑰匙孔手術就有這麼一個優點，就是無需剃頭。

上人也親自前來關心。當父親被問到讓兒子動手術會不會擔心？只見他精神奕奕地說：「不擔心，我很有信心，這對他來說是件小事。」

父親的樂觀，一來是對我深具信心；再者，或許是因為我怕他擔心，因此從未告訴他這個手術危險性的關係吧！

永遠都記得他出院那天是八月七日，鄉下孩子羞赧於將甜言蜜語說出口，一句「父親節快樂」也彆扭得可以。然而，今年父親節前夕，看著他跟母親攜手離開醫院的背影，我想，我送給我父親一個最珍貴的禮物，那就是徘徊在生與死之間最不可多得的健康。

# 第十一章　巴金森新療法

他跳樓自殺了，在我讓他有了些許自主的力氣之後。

幾個月前，他來到我的診間。

「我們再做個精密的全套檢查吧！」我開口這麼對他說。這句話或許是給他希望，但其實只是不想要有任何閃失罷了。眼見他四肢抖動、行走困難，一走入診間，我立刻就在心裡判定這位來自緬甸的華僑是一位巴金森氏症患者。

執行一連串的詳細檢查，最終在數據支持之下確診他的病。其實，早有醫生確診他的疾病；他來找我，是想尋找可以對抗巴金森氏症的任何可能。但是，冷漠的數據戳破了他的希望泡泡，我仍給他與前一位醫師相同的診斷答覆。

「是巴金森氏症沒錯。」看著他眼底的絕望，我給他與前一位醫師不同的診斷方式：「要不要試試看深部腦刺激術（Deep Brain

Stimulation）？」

深部腦刺激術，這是在流產胚胎中腦黑質組織移植之後，我運用在巴金森氏症患者身上的新療法。望向他身後窗外的那完美的湛藍天空，我有信心，這會替他的疾病帶來曙光。

## 深部腦刺激術

「林醫師，要先告訴你一聲，我們這裡並不做引產手術。」來到慈濟醫院之後，我開始興致勃勃地想繼續在三總時期的流產胚胎中腦黑質組織移植手術，並一心想著，花蓮的巴金森氏症病人也能有機會邁步向前了！但是，意料之外地，有人好心地對我拋來這麼一句提醒。

慈濟並不執行引產手術，這個「文化」令我不得不再尋找流產胚胎中腦黑質組織移植之外的可能。

幸好，這個找尋的過程並不漫長，創新的小種子被清爽的微風帶來我的眼前。當時，法國已經有人研究出深部腦刺激術：利用放置電極晶片，再透過高頻率的刺激讓神經放電；如此一來，某些神經細胞就會暫時失去功能。

這就像是以外來的電力癱瘓體內的煞車系統，讓病患不至於過於緊繃、或甚至是突然不得動彈。

「這個裝置還可以自己自由開關，很方便！」我經常利用如此輕鬆的方式，試圖說服病人這並非全然是一種侵入式的治療。

「這樣開開關關的，我不就變成機器人了？」病人的反應時常令我的嘴角不由得堆起層層笑意。

即使他們有這樣的疑慮，但是當他們聽到任何一絲可以恢復的可能，還是個個都迫不及待地想在手術同意書上的小方格內落下自己的姓名。他們在這一生中，寫下自己的名字或許已不下數萬次；然而，這一次，墨水刻劃的是孤注一擲的冀盼。

一如往常地，我著裝完成、走入手術室，一身無菌；然而，這一回躺在手術臺上的患者並非在被麻醉昏睡的狀態。他們的眼神中帶些許緊張，清醒的意識令身體的每一個毛細孔張大；在生硬的睫毛下緊盯著手術房裡每一部機器、每一個人，呼吸因為不安而急促。

病人只有被局部麻醉；因為，等一下的手術過程，我必須與他共同演出。

首先，我必須仔細聆聽細胞的説話聲。

人類的大腦猶如聯合國，裡頭的細胞群們各自有著屬於自己的語言：「逼波逼波」、「逼…波…逼…波」、「波、波、波、波」；有時，細胞卻是一片靜默。我手中握著細長的電極棒，各式各樣不同的聲線與頻率就像一張地圖，在延伸至永恆的細胞群中指引著我找到正確的方向。

有時候，我認為我走的方向對了，於是我告訴病人：「來，把手抬高。」

清醒著動手術令他恐懼，心臟怦怦地狂跳，但是他仍與我配合地將手抬高，所有的人都將視線集中在他的手上；那樣的聚精會神如果可以燒穿人體，他可能早就千瘡百孔了。只可惜，他的手仍在顫抖，我知道自己誤判細胞的聲音，導致手中的電極棒走錯地方了！

我要自己緊張的五臟六腑重新整隊，專注地再一次展開「聆聽細胞聲音」之旅，努力將電極棒帶往正確的方向——視丘下核只有零點六公分，晶片必須放置在這裡，卻又不是整個區塊都可以，而要在後上方才有效；誤差只要超過零點二公分，就算放入一百個晶片也沒有用。

只是放晶片而已嘛！或許有人會這麼說。然而，這個看似輕鬆的手術，面對的是複雜的腦神經系統，晶片放置的地方得萬般精準；執行一個深部腦刺激術，幸運的話往往還得耗時七至八個鐘頭才能完成。

雖然辛苦，但我覺得很有挑戰性。身為一個神經外科醫師，長年來我一直從人體內取走東西——拿走腫瘤、吸取積液，這個手術卻是要放進東西；在放入晶片後，通過電極與電流，讓病人在疾病的惡苦中得以重見天日。

深部腦刺激術也證明，它的療效遠比流產胚胎中腦黑質組織移植手術來得好。

此後，慈濟醫院不但成立全國第一個跨科部治療巴金森氏症的巴金森治療與研究中心，更是臺灣單一醫學中心為巴金森氏症患者執行深部腦刺激術最多的醫院；不僅輔導國內醫學中心陸續完成首例個案，也輔導大陸、泰國、馬來西亞等醫學中心的首例移植。

## 鬱金香花開

荷蘭的國花是鬱金香，紅、黃、白、紫的純色鬱金香最為人所知；在荷蘭人的致力改良下，鬱金香如今也有許多雜色相間的品種，經統計已經高達一千多種！

其中，紅白相間的鬱金香有著一個我們熟悉的名字——詹姆士·巴金森，起源於當初培育出它的園藝家就是一位巴金森氏症患者。人們或許很難將如此美麗的花朵與疾病相提並論；然而，在二十世紀初，病理學家證實，鬱金香其實是一種由病毒感染所產生的變異花種。

這般「病得美麗」的紅白相間鬱金香，從此也被稱為「巴金森之花」。我在門診中，看見許多將人生過得很燦爛的「巴金森之花」，音樂家李泰祥老師即是其中一位。

發病初期，他本以為是骨刺在作祟；發現是巴金森氏症之後，一度拒絕服用藥物；漸漸地，雙手開始畫不成音符，創作因而中斷，令他一度陷入消沉。然而，他的絕望並沒有維持太久，音樂始終是他的養分；他想起失聰後的貝多芬仍能譜出曠世巨作，於是自我勉勵：「與其為生命的不完美怨天尤人，不如將自己最完美的部分展現出來，缺陷的部分就不那麼重要了。」

巴金森氏症雖然像一張纏著他著不放的蜘蛛網；然而，受困其中的他依舊率直又浪漫，創作不輟；接受過深部腦刺激術之後，狀況更是良好。

有一天他回診時，我心血來潮地問他：「老師，是不是能請您為巴金森氏症創作一曲呢？」

面對這個突如其來的邀請，李泰祥沒有絲毫巨星的架子，幾乎是在當下就欣然同意：「好啊！我來譜曲，你來作詞！」

原本是想出作業給別人，沒想到卻反被將了一軍！我邀來神經功能科主任陳新源跟我一起作詞；我相信，憑他對巴金森氏症患者的熱情，絕對也能寫出深切感人的好詞。只是，我們畢竟是醫師，拿手術刀、做研究還可以，與手術刀重量相去不遠的筆卻沉重得多，寫詞著實令我們頭痛。

李泰祥老師才一週就交出曲子，我們則是又過了兩週才勉強交出作業。

「寫得不好，老師您再改改。」

我的這句話李泰祥老師聽進去了；他刪了又寫，改了又編，最終的歌詞版本讓我們看見「專業就是不一樣」的意趣。

這首名為《鬱金香花開》的曲子裡，有一段歌詞是這麼唱的：「好久以來，受盡折磨……繼續堅持希望，忘卻煩惱，認真歡笑，迎接歡笑來到。」

確實，有些巴金森氏症患者得以仰賴藥物與病症抗衡，有些人則在藥物無效之後，決定轉以接受深部腦刺激術的協助。然而，如李泰祥老師這樣有能力接受手術的人並不多；因為，包含晶片、導線、電池與遙控器等腦部深層刺激器，以及頭蓋骨固定器等材料，加總起來就高達百萬元。除此之外，每隔四至六年就得更換一次電池；電池要價不菲，一顆就要六十萬元，並非每一位患者都有能力負擔。

在陳新源主任的門診中，曾經有一家人令我們印象深刻。

他並不是巴金森氏症患者，而是肌張力不全的病患；幸運的是，深部腦刺激術能有效解決他的病症。但是，他的用電量比巴金森氏症患者要高出許多，因此每兩年都要換一次電池。

這筆費用由他的兩個兄弟共同負擔；不過，在換兩次電池之後，他們再也無力承擔如此龐大的費用。陳新源難過地告訴我：「現在他就只能趴在地上生活；因為，若是睡在床上，他就會摔下來……」

我們趕緊為他向慈濟基金會申請補助，才讓他能再有機會更換電池，恢復正常生活。

在門診中，我們看到太多類似的病患家庭；他們有戰勝疾病的決心，無奈現實生活卻逼得他們不得不低頭臣服。陳新源也因為想幫助這些家庭，孜孜矻矻地擬訂計畫，帶領著他們大聲疾呼，爭取健保補助。

人多力量大，努力了五年的時間，終於在二〇〇九年，衛生署同意將深部腦刺激術的電池納入健保給付；病人再也不用邊復健、邊籌錢，想方設法地籌措要價高昂的電池費了。

## 請為自己鼓掌！

面對愈來愈多的巴金森氏症患者，我們心中的無奈也愈積愈深。年輕的陳新源不僅投身於巴金森氏症的治療，他更耐不住性子，率領病友們成立臺灣鬱金香動作障礙關懷協會。身為創會理事長的他表示：「成立協會的目的，除了想讓大家認識這個疾病，也要喚起大家對巴金森氏症的了解。」

這句話勾勒出我腦海中潛藏在某個角落的記憶，它既遙遠卻也鮮明。曾有一個年僅二十歲的媽媽在生下孩子之後發病，她的症狀當時還能用藥物控制，在我們門診中並不算嚴重的病人。

可是，她的臉上沒有絲毫的希望，瑟瑟發抖的絕望臉龐吐露著無盡悲傷：「我先生常常打我，他說我是被惡魔附身，所以才會變成這個樣子；他還說，我的這個病會傳染，叫我趕緊簽字離婚，不要傳染給小孩子……」

我們很想安慰她這一切都會過去；不過，現實中的諸多案例一再顯示，人們對巴金森氏症的不了解讓這一切都不會成為過去。

神經內科主任林聖皇在診治許多巴金森氏症病患之後，曾有感而發：「醫療團隊雖然可以救人，但病人的最大力量還是來自於家屬，親情比醫療更有效。」這句話，我再認同不過。

巴金森氏症的患者有百分之三十的人患有憂鬱症，一部分是疾病本身誘發，一部分是長年病苦所造成。我曾遇過好幾名病患，好不容易看見手術在他們身上起了作用，他們卻用這份力量了結自己的人生。

一位從緬甸回來就診的華僑，即是其中一個令人心痛的案例。

我還記得那一臺刀。找到視丘下核之後，我們利用它的位置計算出X、Y、Z軸；算出三度空間之後，再把影像輸入導航系統，目的就是要找到視丘下核的位置最中間、最下面的「靶點」。

前置作業完成了，我們進到手術房內，這裡的一切正準備就緒。我在他頭頂鑽出一個五元硬幣大小的洞，緩緩將電極晶片深入腦中，直直探入約八公分深處，找到剛剛所定位的靶點，放置，完成。

手術成功了！這位緬甸華僑開始恢復行走的功能，我們都替他開心，也鼓勵他：「只要持續復健，你或許無法百分之百康復，但是你的行動能力會恢復得愈來愈好。」

半年後，他回到緬甸，回到出生成長的故鄉；當時我們都沒想到，他竟是想回到起始之地終結自己——他跳樓自殺了。疾病之苦所引發的憂鬱症，讓他始終無法與巴金森氏症和平共處，即使手術已經讓病症低頭妥協。

他不是第一個用我們所給予的力量了結自己的病患。

許多個嶄新的一天，我們都被這樣的噩耗打擊著；然而，心中揮之不去的悲傷阻止不了我們繼續執行深部腦刺激術。對一小部分的人，這或許是一股自我了結的力量；但是，對絕大部分的患者而言，這是活下去的能量。

我想起了陳新源時常掛在嘴邊的一句話：「我們賣相還不錯，但是叫好不叫座，因為執行這個手術根本不賺錢。」

確實，深部腦刺激術並不賺錢，醫院實際可以拿到的盈餘大約是一萬出頭新臺幣，醫生卻得費神於兩百多個繁雜步驟、耗費七至八個鐘頭執行手術，有人便認為這個手術沒有價值。然而，看到病人能因此面向陽光、展露笑顏；我認為，這份價值是無與倫比的。

我好希望能把這樣的心聲傳遞給那些了結自我生命的病患；當醫生為你們的日漸康復展露笑顏時，也請你們為自己正在變化的身體掌聲鼓勵吧！

# 停不下來的火車頭

口述／陳新源（花蓮慈濟醫院醫務部主任兼神經功能科主任）

如果說院長是火車頭，那麼他絕對是一輛沒有煞車系統的火車頭，總是一股腦地往前衝。人家覺得不可能的，他就一定要想辦法試試看；對他而言，似乎沒有什麼事情是不能做到的。

醫生有醫生的極限；但是，面對病人請求，他總是二話不說地把患者接進來。因此，對我們而言，醫院生活中總是充滿挑戰。

我們曾經收治一位非典型的巴金森氏症患者。我常告訴巴金森氏症患者，這是一個歷程相當緩慢的退化疾病，甚至是可以跟著我們一起老的病；但是，這位高齡的老婦人，不過才發病三年就躺在床上不得動彈，我們認為她可能伴隨多系統退化症。

「我認為她可以做深部腦刺激術試試看，或許對她會有幫助。」院長信心滿滿地對我說，病人當時收治在神經內科徐偉成主任那裡。

但我不認為可行。深部腦刺激術並非人人都可以執行，服用藥物能有三成改善的病人，執行這項手術才有成功的機會；然而，這位老婦人非但連服藥都無法控制病情，呼吸也不很順暢，執行手術只是更添風險。

過了約三週，徐偉成主任有一天跑來找我，問道：「那位婦人的家屬還在等你回應，你要幫她動手術嗎？」

我嚇了一跳，心想當初不是就告訴他們無法執行了嗎？

據說，院長時常去探望他們，他卻未曾來要我替她執行手術；在逐漸把巴金森氏症病患交給我之後，他始終尊重我的判斷。

我往老婦人的病房走去，試圖再一次勸他們放棄。

不過，家屬卻懇切地拜託我：「即使改善效果不盡理想，我們還是想試試看，有任何事情我們都願意自行承擔！」

他們連手術同意書都簽了，我何不放手一搏？

就這樣，我替老婦人執行深部腦刺激術。每一次的手術我都將之視為第一次，即使這項手術我已經有足夠的經驗，也有信心能將晶片放在正確的位置；但是，對她的病情是否有起色，卻一點信心也沒有。

手術後，她愈來愈有精神，漸漸地可以拿掉鼻胃管、自己吃飯；接著，看到我也會笑，甚至離院前已可起身緩步行走。

她的狀況出乎意料地好，雖然這樣的好日子僅維持了兩年；更換電池之後，婦人在自然的逐漸老化中，安詳離世。

這個案例令我印象深刻，也才體會為何院長總是說：「醫療是希望工程。」

他深愛他的病人。以巴金森氏症患者為例，我們二〇〇二年開刀的「天字第一號」病人，現在都還持續在回診追蹤。我們對病人的追蹤很詳細，病歷上清清楚楚地記載著整個病程，這是院長所建立起來的制度；他認為，巴金森氏症是一種慢性疾病，不是開完刀就可以「下課」了，因此「售後服務」一定要做好。

當初他還帶我們到臺北慈濟醫院、大林慈濟醫院以及臺中慈濟醫院去關懷病人，因為很多病人遠從臺北、西部前來花蓮接受治療；由於調整電量與用藥需要固定回診，我們每個月到三地的慈濟醫院去，鄰近的病人就不必再千里迢迢往返花蓮了。至今我們仍維持著這項售後服務，未曾停止；對行醫者而言，這是一條沒有盡頭的菩薩道。

院長是一位開創大局的人，只有油門，煞車不太靈光；而我們則要懂得接住球，顧全品質。我想，在他的帶領之下，我們是停不下來了。

# 第十二章　其他醫院不能，我們能

花蓮慈濟醫院是最偏遠的醫學中心。

我的眼前正坐著一位檢察長；聊天之後才知道，原來他也曾在花蓮服務過兩年的時間；除此之外，他對醫療法律有著相當深厚的研究。

談起慈濟醫院升格為醫學中心，他好心地為此擔憂。

「把整個花蓮跟臺東的人口加起來也不過才四十至五十萬人而已，你們在這裡要維持醫學中心這麼高規格的醫院，肯定會相當辛苦。」

我在腦中思索著這番話的意涵，仍不是很明白其中道理，於是請他分析給我聽。

「要支撐一間醫學中心的營運，至少也要一百萬人口才行。」他皺起眉頭，緊接著說：「花蓮人口並不多，根本就不需要醫學中心，臺北慈濟醫院才該成為醫學中心，那裡人口夠多。」

來到花蓮這麼多年，我已經不再是那個剛從臺北下鄉的醫師了，我熟知花蓮人的就醫史有多麼坎坷，也明白慈濟醫院在這裡的角色與定位。於是，我輕聲而堅定地告訴這位檢察長：「就是因為花蓮既偏遠又弱勢，所以無論如何都需要一家設備齊全的救命醫院，一座能守護生命的醫學中心，我們的存在是必要的。」

## 鄉親「陳會長」

遼闊的藍天、翠綠的山巒，與臺北截然不同的景色令我著迷。二〇〇一年剛到花蓮，當我還在習慣這裡的一切時，第一例手術就已經在邀請我走入開刀房了。第一個執行手術的患者，不是花蓮人，而是臺南人。

那是一位經營瓜子販售的太太；其實她並不認識我，之所以千里迢迢跑來花蓮找我就診，是透過另一位臺南鄉親陳廉湇的介紹。

認識陳廉湇早在三總時期，當時她的太太罹患乳癌，夫妻兩人鶼鰈情深，陳廉湇在四處尋求名醫診治，當時有朋友告訴他：「三總神經外科部主任林欣榮是你們臺南人，或許你可以去找他，讓他帶你去找三總最厲害的乳癌權威醫師余志誠。」

他來到三總的時候是下午時段；那天下午我原本是沒有診的，只是早上患者太多，我就這樣看到了下午，中間還更換診間。聽到他的需求，我認為這是舉手之勞，便趁著些許空檔帶他去找余志誠醫師，再回來繼續看診。

這樣一個簡簡單單的因緣，從此讓陳廉清成為我的「粉絲」。他只要遇到任何腦神經外科相關疾病的病人，不管我人在哪一間醫院服務，必會親自從臺南帶著病人來讓我診治；在臺北時如此，我來到花蓮後也是如此。

他是一所私立高中的榮譽會長，因此大家都習慣叫他一聲「陳會長」；後來熟稔了，我也都這麼稱呼他。

某天清晨六點多，寒冬的天才剛矇矇亮起，陳會長家門口就來了客人。男人的手上拿著兩包瓜子，一見面就將瓜子當成伴手禮送給陳會長，一開口就是要請他幫忙：「陳會長，你一定要幫幫我太太，她已經昏迷不醒九十二天了。」

日子數得仔細，意味著心裡焦急也是千頭萬緒；太太這一倒下，打亂生活中原本已經熟悉的節奏；家還在，無形中的串聯卻已經開始崩解。

「怎麼會那麼嚴重？怎麼了？」雖然才第一天認識，或許是基於古道熱腸吧，陳會長聽到有人生病，比自己生病還要著急。

「出車禍……南部最好的醫生都沒辦法讓她醒來。昨天醫生跟我們說，看樣子是沒辦法了，叫我們出院，找一家安養院安頓她……」男人話語中有著說不盡的苦楚，字字句句都像是在尋找一雙能夠撐住他的手。當他再次抬頭看向陳會長時，眼裡滿載著冀求與期望：「聽說你認識一位醫師很厲害，拜託你，帶我們去看他！」

於是，陳會長拿起手機按下我的電話號碼。

即使沒有看到片子，也沒有見到病人，我也不知道狀況如何、能有幾成把握，但或許這就是我跟陳會長之所以一直惺惺相惜之處——我們都同樣熱情。我對陳會長說：「帶他們過來吧！我在這裡等你們。」

過了一天，陳會長打了電話來，我以為他已經到花蓮了，電話中的語氣卻充滿焦急：「院長！航空公司說不讓我們搭乘，除非有醫生的保證。」

我立刻開立證明，保證病人搭機無虞，緊急函送給航空公司辦理。航空公司在接到消息之後，馬上就從飛機上拆了幾張椅子，好讓這位太太可以用擔架運上飛機，橫越藍天、穿過白雲，他們很快就來到花蓮慈濟醫院。

我先替她做電腦斷層攝影，發現她的問題其實並不嚴重；理清各種混亂的可能，我認為婦人遲遲不能醒來的原因是因為腦積水。我安慰她先生：「放心，只是腦積水，做個引流手術就好了。」

他先生不敢相信竟只是腦積水這麼簡單；但是，太太倒下去的這九十多天來，焦急已經逼得他心力交瘁；此時此刻，他只能懷著殘存的樂觀相信我的判斷。

我替他的太太做了引流手術，沒幾天她就醒了，直到現在都還安好。

## 從臺南到花蓮求治的病患

陳會長總是開心地說，在我的手上曾經診治過好幾個「經典」的個案，其中一個「經典個案」就發生在我還在三總的時候。

「陳會長，你一定要幫我！你幫了我，等於是幫了兩個家庭。」

一張張的著急面容、一句句的絕望話語，在陳會長家中不時反覆著。這次來拜託陳會長的是一位國小老師；三個禮拜之前，他在上班途中跟一位幼兒園女老師發生車禍；他只是擦傷破皮，這位女老師卻未曾再醒來。

「醫生怎麼說？」

「醫生說確定是植物人了，要他們去找安養院。」男老師痛苦地表示，女老師的家庭因為這一撞而度日艱難；他也因為這一撞，必須得賠上超過千萬的罰金。家裡還有三個尚未上小學的幼兒，未來該如何是好？

陳會長二話不說，馬上與我聯繫。之後，女老師由救護車載送，男老師則駕車載著陳會長，一路顛簸北上；在他們來到醫院的前幾分鐘，我已經帶著團隊在急診室等待了。

女老師從救護車上被推了下來，一張臉了無生氣。我替她做了簡單的例行檢查，發現她的眼睛、手腳都有些細微的反應；因此，當陳會長緩緩靠近我身邊時，我頗有自信地告訴他：「陳會長，她可以醒過來。」

陳會長的聲線中像是注入了活力，開心地問：「大概要多久？」

靜默橫亙在我們之間並沒有多久，我就給出最保守的揣測：「保守估計，大概三個禮拜才能醒。」

陳會長跟男老師聽我這麼一說，就安心地開車回臺南了。不知道是安心得失了神，還是一日往返的南北路途過於疲憊，他們竟然在高速公路上發生車禍，整部車都翻了過來；陳會長當時繫著安全帶，整個人被懸空吊掛著。所幸他們福大命大，只受了些皮肉傷。

也幸好我不負所託，十九天後，這位女老師從長久的昏睡中悠悠甦醒了。

陳會長出車禍時，因為被安全帶勒住，胸口痛了好一陣子；不過，聽到女老師醒來的好消息，他仍開懷地直說：「去這一趟果真值得！」我想，當日我若是在花蓮，他肯定也會二話不說地就把病人載到花蓮，陳會長就是這麼相信我。

一個個原本被宣判藥石罔效的病患，從黑暗中醒來，從靜止不動的狀態緩步起身、擁抱他們的摯愛。是我很厲害嗎？我想，是因為有精密的儀器以及一群醫術卓越的夥伴相挺；更重要的是，埋藏在身體裡那顆不輕言放棄的心。認識我的人都知道，我從不輕易將病人送入安寧；只要有任何一絲的方法、只要病人與家屬相信我，我都願意盡力一搏！

而這顆堅定的心，也讓我堅信，花蓮慈濟醫院絕對能做到「別人不能，我們能」的目標！

## 成為東部第一座醫學中心

陳會長送來的這位女老師住在醫療資源相對豐富的臺南，在經過無數個日與夜的交替後，仍得送到臺北就診；這一段回憶勾起了當年我初聞上人堅持要蓋慈濟醫院的發心——要讓花蓮的病人不需要翻山越嶺到臺北、西部求醫，在花蓮就能獲得診治。

花蓮並不如西部那樣，擁有許多大小醫療院所，得以吸收這些「來不及」所產生的悲傷。

一九九九年，慈濟醫院從區域醫院升級為準醫學中心，接下來一直朝著醫學中心的目標前進。我剛上任的當月就遞送申請書，當時所有人都看衰我們；「花蓮慈濟醫院要申請成為醫學中心？不可能，根本不會過！」

但是，我們堅持要挑戰。二〇〇二年七月，衛生署發來評鑑通知函；這一紙公文，確定慈濟醫院成為東部第一座醫學中心。

揭綵儀式舉辦的當天，我們開心地舞龍舞獅，由林碧玉副總執掌龍珠，引領出名譽院長陳英和舞龍出場；尾聲，這隻龍再將龍珠傳予我，象徵薪火相傳。

當天上人也親自蒞臨揭綵；對比我們個個欣喜若狂的模樣，上人依舊溫文儒雅，話語中卻藏不住滿溢的喜悅：「從地區醫院、區域教學醫院到現在的醫學中心，步步艱辛也步步踏實準確。感恩醫療同仁和志工菩薩的用心付出，分秒守護著；等待著搶救生命，這也是我們的使命。」

花蓮真的不需要一間醫學中心嗎？不，花蓮很需要，如同上人所言——這是使命。

我們院內有一位在美國波士頓大學（Boston University）攻讀醫學博士、後來成為哈佛醫院的主治醫師，她是一般內科的許瑞云醫師。

有一天跟她聊起這個話題時，她以波士頓為例激勵我們。

「波士頓才六十萬人口，卻擁有二十幾間醫學中心，還有好幾所傑出的大學。」許瑞云用她一向溫婉的微笑鼓勵大家：「只要品質夠好、品牌夠好，那裡就是重要的地方！」

# 第十三章　為病患流下眼淚的醫生

大約早上七點，我走入心導管室，探望一位來自美國的華人病患。才剛走進去，就有人很快地跑來對我說：「院長，剛剛王志鴻副院長在哭……」

在哭？認識王志鴻那麼多年，在我心目中，他是一位既成熟又自信的醫師。三十七歲時他體認到花東醫療缺乏，因此放棄西部的高薪來到花蓮慈濟醫院服務，是花蓮第一個可以做心導管檢查以及手術的心臟內科醫師；並且，早在我開始整合團隊之前，他就已經整合心臟內外科主治醫師以及醫技人員，成立「二十四小時救心小組」，作風相當前衛。

他早上看門診，下午做心導管以及心臟超音波檢查，幾乎是二十四小時待命；執行過的心導管手術突破一萬例，是醫界在這方面的佼佼者。

我要去探望的這位來自美國的華人，就是王志鴻在前幾天剛做完心導管手術的患者。

「昨天早上病人剛拆除葉克膜，我昨天下午四點多來探望的時候，恢復狀況也非常好。」一切都如此樂觀，對於王志鴻所流下的眼淚，我疑惑不已，「王志鴻為什麼會哭？」

「因為昨天晚上病人的狀況急轉直下，於是我們又緊急裝上葉克膜，恐怕醒來的機會愈來愈小了。」那位醫護同仁的語氣中滿是疲憊，也充滿著不捨。身為醫療人員，我們都知道，安裝葉克膜是最終的決定，而且很少有患者在裝上第二次葉克膜之後能安然度過險境的。

護理同仁愈說愈絕望，她指著坐在病床邊紅著一雙眼監測著儀器的王志鴻，壓低音量對我說：「早上五點多，我們聽見王醫師把自己縮在心導管室的深處，痛哭失聲……」

## 柔軟的醫師情

曾經有人問我對安樂死的想法。

我說，我一定盡自己最大的力量！因為我是醫學中心的院長，擁有各種高科系設備以及人才，能夠救治的，我就不會輕易將他的生命交出去，更不輕易將病人送入安寧；「如果把每個病人都送去安寧，我怎麼有資格做醫學中心的院長？」

如果病人跟家屬都願意、也信任我，我絕對不會放棄。我很幸運，因為在慈濟醫院的醫護團隊，多的是跟我有志一同的人。

像是神經腫瘤科主任蘇泉發，他總是隨身帶著一本小筆記本，上頭密密麻麻地寫著病患的病情記錄；他說，只要隨身帶著這本筆記，就好像隨時都能將病患帶在身邊。即使患者出院之後，他仍然跟他們保持聯絡，了解癒後情形。

有時候遇到特別的醫療個案，他甚至還會留下自己的手機號碼，讓家屬隨時找得到他。

二〇〇三年，我們引進花東第一臺加馬刀。加馬刀並不是真的刀，而是利用兩百零一道加馬射線集中聚光，直接照射在腫瘤上，以達到治療腦瘤而不傷害其他周邊組織的目的；因此，我們又稱這項技術為「隔空取瘤」。

蘇泉發是這方面的權威。有一位太太看到報導，在林口做完檢查後，馬上前往樹林轉乘火車來到花蓮掛蘇泉發醫師的診。知道患者遠道而來，蘇泉發欣慰地告訴她：「妳大老遠來找我，我會珍惜妳來的這一趟。」

他研究片子，並拿出筆記本，謹慎地留下對方的聯絡電話，立刻安排必要的檢查。

這般柔軟的醫師情，神經外科主任邱琮朗也是如此。

一位來自西藏的十七歲少年土登昂布，因為患有腦部腫瘤，導致雙眼失明、發育遲緩；透過慈善團體的牽線，來到慈濟醫院進行一連串檢查，主治醫師就是邱琮朗。

經過檢查，邱琮朗發現土登昂布所罹患的腫瘤是六點五公分的「顱咽瘤」；雖然是良性腫瘤，可是生長的部位在腦部的下視丘，這裡是人體內分泌的來源，勢必得移除。

短短三個月間，邱琮朗聯合蘇泉發一同為土登昂布進行了七次手術。腫瘤相當硬，而且與周邊組織黏得很緊，不易剝除；因擔心傷害到周邊腦組織，手術必須得在顯微鏡底下執行。「仔細地慢慢燒、慢慢剝、慢慢修。」幾次手術下來，邱琮朗用手抹去一臉疲憊，努力撐起微笑說：「我的眼睛，永遠都是紅的。」

一連串的醫療過程既緊湊又充滿著變化，幾度狀況危急，邱琮朗也曾心想：「算了，就這樣吧！」但他的心做不到，總是又強打起精神，充滿動能地替自己加油打氣；「病人也許還有機會，哪怕只是一點點機會，我們都要積極努力地幫他！」

最後，土登昂布順利出院，回到西藏後更傳來他準備復學的好消息。

## 二度裝上葉克膜

在醫院裡，有數不清的難纏病症等著我們一一拆解。在心導管室裡，王志鴻重新調整坐姿，他的雙眼非常疲憊；在兩百五十六切冠狀血管電腦斷層攝影中，那三條主要的血管，鈣化得難以從影像中看到血管的模樣。

這不只是一個艱難的心導管手術，是難上加難。

王志鴻自從接到這個病人之後，從電腦斷層攝影拍攝到進手術房前，已經看了片子不下五十次，急欲找出最好的手術方式，也把任何在手術中可能會發生的事情通透地想過一遍，發生最壞狀況時所需要的葉克膜也已經準備妥當。

葉克膜是一種醫療的緊急設備，能為任何醫療方法都沒有辦法處理的重度心肺衰竭病患進行體外呼吸與循環作用；因此，葉克膜在香港又被稱為「人工肺」，不僅可以暫時取代患者的心肺功能，也能為醫療人員爭取更多搶救時間。不過，我們都盡量不想走到這一步。

這位病人叫張濟舵，是慈濟美國紐約分會的執行長，也是上人的虔誠弟子。王志鴻曾在好多年前跟他一同前往尼泊爾賑災；因此，張濟舵對他而言不僅僅是病人，更是朋友。

進手術房之前，張濟舵還笑嘻嘻地對他的太太張慈願說：「妳放心，我二十分鐘之後就出來了。」

當時他們都還笑得出來，也都還不知道，接下來迎接他們的將是最殘酷的事──那些預計中發生機率最微乎其微的狀況全都潑灑在張濟舵身上，而這些狀況帶來的都是讓人心情為之一沉的消息。

二十分鐘後，張濟舵並沒有被推出來，張慈願反而被從手術房中出來的護理同仁喚了進去；即使戴著口罩，王志鴻的沉重她依舊能感受得出來。張慈願一句話都不敢問，她在等王志鴻先開口。

「狀況不樂觀，可能……」

「請你一定要把他救回來！」張慈願雙腿一軟，跪坐在地上。此時我也接到了消息，趕緊到手術室去攙扶她到隔壁房間。

隔著一道牆，我們都聽到王志鴻一次比一次還要聲嘶力竭地喊：「濟舵，請你把嘴巴張開來！」身為醫療人員，我們知道，王志鴻正在替張濟舵插管，一切就要進入急救程序。

手術在五個鐘頭後結束，張濟舵被推出手術房，葉克膜已經裝上；他身旁有近二十位醫護同仁陪著他步出手術房，全都是救心小組的成員。

手術是成功了，不過並不表示已經能完全放心；因為，過程中大約有一小時左右，血液無法通過心臟，因此有些受損狀況，後續還必須要觀察。我們沒想到，危急狀況很快就出現了——出了手術房之後，他的右手一度反黑腫脹，血不斷地滲透到右手掌以及筋肉膜內，王志鴻足足替他施壓了三個鐘頭，都無法止血。

張慈願再一次地懇求王志鴻：「把他的手鋸掉都沒關係，請你把他救回來……」

王志鴻豈止要救回命而已，他堅定地告訴張慈願：「他的生命、他的手，我都會保住！」

外科醫師早已經準備待命，很快就為張濟舵施行筋膜切開術釋壓。

當時很多人都在問王志鴻：「濟舵會醒嗎？」

其實他也很想肯定地告訴大家：「會！」但是他說不出口，即使最希望張濟舵醒來的，就是他自己。

每晚，我總見他拉著一張塑膠椅，靠著牆，守在病床邊，任何儀器上的數字變動，他都不願放過；過程中，張濟舵身上同時扎了十四種輸液針頭，一度他甚至也睜開了眼、取下葉克膜。

那天下班前，我繞到病房去看看他的狀況，一切良好，生命跡象正在一點一滴地恢復中。所以，林碧玉副總晚上打電話給我時擔憂地說：「濟舵的狀況好像不是很好。」我還很天真地回答她：「不用擔心，我剛剛去看過他了，好得很。」

我應該當時就到醫院去的。

那晚，他的血氧開始往下掉，速度快到在床邊守候的王志鴻連找呼吸治療師、外科醫師的時間都沒有；他一手調著氧氣，一手控制著升壓藥，然後做下最煎熬的決定——再裝回葉克膜。

以我們的經驗，平均有四成的病人在第一次安裝葉克膜的過程中得以存活；但是，幾乎沒有人可以撐得過第二次。

## 為病患慟哭

到了凌晨的前一刻，張濟舵的生命跡象雖然穩定下來，但仍未脫離險境。王志鴻繼續守在他身旁；過了幾個鐘頭，面對上人的關切，他一如往常地重點回答：「機會，可能愈來愈小了。」

報告完之後，他走回心導管室。這一方天地是他最熟悉的地方，他在這裡拯救過無數的人，也在這裡一一蒐集著自信來源；然而，這一日他腳底充滿疲憊，心中蘊藏著不安與苦楚，走到深處角落，他再也忍不住連日來的壓力與即將面臨的失去，放聲大哭。

他很無助，也不知道自己能夠再做些什麼。

任由自己的情緒宣洩十幾分鐘之後，他強迫自己打起精神，再次拿起張濟舵的片子看了又看；即使只有百分之一的可能，他也想再試試看！

他決定要放膽再度為張濟舵施行另外兩條血管的心導管手術；再不行，他就放人工心臟，等待換心的機會！

他這放手一搏，得到了肯定與成功！雖然過程中又遇到感染的危險，幸好平安地度過。歷經二十幾天，張濟舵終於醒來，也出院返家了。

王志鴻終於可以回家好好地睡上一覺了。

每當想起這二十多天，他直言像是回到住院醫師時期：「我好不容易苦撐過去，擺脫了住院醫生的日子；沒想到，這麼多年後，我竟然為了張濟舵再重演住院醫師的角色，天天住在醫院裡！」

我明白他這番話並不是抱怨，而是一份幽默的詼諧。能救活病人，一向是我們醫者的最大成就！

# 第十四章　鹽分地帶的小醫院

病人的情況非常危急！人正躺在加護病房裡面，時而昏迷時而清醒；他的「清醒」並非真正活著，大腦像是迷失在不熟悉的城市中，神智紛亂不明。他昏迷時還好，一醒來便不斷掙扎，拚命地想把固定手腳的帶子扯開；力道之大，使得四肢都已經皮開肉綻、鮮血直流了。

雖然仍然算得上孔武有力，他的生命卻正在一點一滴地從身上任何足以穿透的縫隙中流失。

細菌感染引發的敗血症撐不了多久；若要按照正常的申請用藥許可，我只怕他撐不到許可印章蓋下的那一刻。我在心底估算時間，他頂多只能再撐幾個小時而已。

「狀況真的很危急，有辦法不照程序申請嗎？」我問相關承辦人員。

「有是有，可是……」承辦人員很為難，不過確實有法可行；「執行醫師必須簽下切結書，無論後果好壞，都得以示負責。」

於是，我拿著切結書回到辦公室。

## 到北港媽祖醫院任職

「你真的選擇要離開嗎？」上人聽聞我的決定後，這句話反覆問了好多次。

「是的。」看著師父慈祥的臉龐，這麼多年來在慈濟醫院，我從他身上學習到許多的智慧，他永遠都是我心靈的導師；不過，我還是得離開。我不願讓場面變得太過悲傷，於是打起精神，迅速讓臉部線條恢復一貫的笑容與幽默，對他說：「就當我是出國留學吧！」

這是一個相當艱困的抉擇；但是，我相信在外頭所汲取的養分能令我有所成長。

我卸下了慈濟醫院院長的職務，離開生活五年有餘的花蓮，來到臺中中國醫藥大學附設醫院（簡稱中國醫大）；在這裡，與慈濟醫院迥然不同的文化猛力地一再衝撞著我。我在慈濟學習如何以「慈悲經濟學」做事，一步一腳印；在中國醫大，我則看到西方經濟學的拚勁與大膽。

董事長蔡長海被業界譽為是「教育界與醫療界的巨人」，這個稱號可謂是實至名歸。他求才若渴，人才不是一個一個地召募，而是一個團隊、一個團隊地整團吸引進來；因此，中國醫大發展得相當迅速，堪稱是中部地區的醫療帝國。

當時中國醫大在雲林北港還有一間附設醫院，原為朝天宮自建的媽祖醫院；因為無力經營，因此捐給中國醫大專業經營。我到任不久之後，就被指派到北港媽祖醫院兼任院長一職。

來到北港，火紅的陽光帶來溫熱，鹽鹹的暖風則給我一股強烈的熟悉感，彷彿我又回到出生、成長的將軍鄉。

若說將軍是「南鹽分地帶」，那麼北港就是「北鹽分地帶」了。一樣是鹽分地帶，也同樣是小鎮風景；然而，北港比起將軍還是熱鬧一些，甚至還有醫院，實在好幸福。

媽祖醫院的規模小，醫師也不多，專攻骨科、復健、呼吸治療等慢性疾病的治療；每當有腦受傷的病人、心臟疾病的病人，都得搶在第一時間轉送到大醫院診治。我在這裡彷彿看見另一個花蓮；不同的是，這裡的空氣沒有大山、綠樹的味道，而是飄散著鹹鹹的海水味。

只是，急重症的病人怎麼辦？於是我喊出「救腦、救心、救命」的口號，誓言要為北港拉起一道防護網。至於該如何執行，似乎早在許久之前，就已經在我心中擬好藍圖——依循當年提升花蓮慈濟醫院的兩個模式：找人才、買設備。

## 「陳會長」倒下了！

除了兼任北港媽祖醫院院長之外，我在中國醫大仍有門診，因此並不是每天都在北港。

某天晚上，我接到陳會長打來的電話，他說他已經不舒服很久了；試圖理清自己的病因，他告訴我：「我好像扭傷了。」

人脈廣又好客的陳會長，在過年期間包含設宴、赴宴，接連吃了好幾天大餐，到了大年初五，好不容易恢復正常生活，終於能從餐桌邊喘口氣時，他建議太太：「吃了幾天的大餐，不如今天我們吃清淡點，熬白粥、配脆瓜就好。」

當太太到廚房熬粥的時候，陳會長走到門邊的角落，拿起一罐覆蓋著灰塵的脆瓜罐頭。這是他們家的習慣，自從經歷九二一大地震之後，他們就會在每個門邊擺放罐頭食品，以備災難來臨時，還能有個應急的糧食。

他輕輕拍掉灰塵，將飄揚在空氣中的粉塵吹散。手中那一瓶脆瓜罐頭的蓋子都已經長出點點鏽斑，大概因為如此，陳會長得使上好大的勁才能打開這個罐頭；這一扭，疼痛竟然便佇足在他身上不肯離去，一天比一天疼痛。

他以為是用力過度所導致的扭傷，幾天之後忍受不了疼痛，便就近到診所就醫；醫生聽他主訴之後，也判定是發炎，打了止痛針、開了些消炎藥後就讓他回家。但是，他的疼痛感非但沒有消失，反而逐漸蔓延全身。他在電話中告訴我：「我現在全身都在痛，可不可以去你那裡做個徹底的檢查？」

他知道我是專門治腦的，扭傷並非我的專科；從臺南到北港來找我，只因為對我的信任，愛屋及烏，因此也信任我的團隊。

那天我人並不在北港，過幾天才會去，我請他先過來掛急診並安排住院。

翌日一早，陳會長的女兒開車載他過來，當時他還留有僅存的精神。看到走進急診室的他，護理同仁急忙推來病床要讓他躺，但他拒絕了這番好意，甚有還頗有精神地說：「不用麻煩了，我還可以自己走，沒有問題！」說完最後一個字，他的步伐就變得既小又緩慢，沒走幾步路，就朝著急診室的冰涼地板倒了下去……

## 生死一瞬間

被送到病房之後的他，精神時好時壞，偶爾清醒，偶爾胡言亂語；在他意識還清醒的時候，他接到李超群的電話。由於他也常帶著人到花蓮讓李超群做健康檢查，因此兩人也結下了非常深厚的緣分；李超群每次到臺南開會，都會打電話約陳會長見面。

「陳會長，我現在人在臺南，過去找你方便嗎？」

有別於李超群的開朗，陳會長再怎麼打起精神，仍只能病懨懨地回答：「恐怕沒辦法……我在北港媽祖醫院的病床上，肌肉拉傷得很嚴重……」

李超群一聽，連忙開車北上。打開病房的門，前腳才剛踏進去，眼睛一看見陳會長的模樣，就急著喊說：「陳會長，你這不是肌肉拉傷，是很明顯的細菌感染！看看你，整個人都腫起來了！」

李超群焦急地馬上打電話給我，我請他們立即辦理轉院到中國醫大。

情況果然危急，已經引發敗血症了！

細菌所引發的感染，治療方式雖然簡單，治療起來卻相當棘手，端看惡作劇的死神給我們多少時間；如果時間夠長，我們還能送驗細菌，確定菌種之後就可以對症下藥；不過，如果用錯了藥，就回天乏術了。這一回，他給陳會長的時間恐怕不到三天；從發生敗血症到死亡，平均不出三天的時間，根本無法等待化驗所須的五個時日。

陳會長已經開始意識混亂了，只要一醒來就會大吼大叫、拳打腳踢，我們不得不先將他的手腳固定。

我沒有時間送驗了，此時只能孤注一擲！

我趕緊拜託感染科的主治醫師王任賢以他的經驗評估可能的引發細菌。他是感染科的權威，在SARS期間更擔任衛生署疾病管理局中區傳染病防治醫療網指揮官，我非常信任他。

王任賢醫師在第一時間前往診治，身邊還跟著收到訊息後緊急向醫院請假前來、陳會長在三總當醫師的兒子。陳會長看到兒子走進病房，急著用還能自由說話的嘴對著他喊：「兒子，快點幫我鬆綁，我被綁架了！你媽媽沒看到我一定很擔心，你快點來救我！」

他的兒子當然沒有理會他，反而跟著王任賢醫師一起走了出去，當時他們正在討論菌種的各種可能。不過，被綁在床上的陳會長可不這麼想，他生氣地粗聲大罵：「你這個不孝子！養你這個兒子沒有用，老爸被綁在這裡還不知道要來救我！」

看著陳會長的意識愈來愈紛亂，我們心裡都很緊張，卻連倒抽一口氣的時間都沒有，因為已經快要來不及了！

「我認為應該是金黃色葡萄球菌！依他目前的狀況，一定得在六個小時之內注射藥物；超過六個小時，打再多的抗生素也回天乏術了。」

王任賢的話讓我們急壞了！在沒有經過化驗下，按照正常的申請用藥許可，根本不可能在六個鐘頭之內拿到藥物，這下子該怎麼辦才好？

我趕緊詢問相關承辦人員；他告訴我，除非我願意簽屬切結書，同意承擔所有後果。

如果失敗了，後果是什麼？我想都沒想、問也沒問。拿著切結書回到辦公室時，陳會長的兒子跑來找我，相當著急地問：「林醫師，我父親的藥還沒送到嗎？我覺得他已經快撐不住了。」

「就快了。」說這句話的同時，我已經拿起筆在紙上的簽名欄上寫下我的名字。我想不了太多的後續可能，滿腦子只有一個念頭：「這條命就要保不住了，該救的就要救！」

很快地，我們拿到藥了。當藥劑透過細微的針頭緩緩流入陳會長的血管中並發揮作用時，距離王任賢所給的六個鐘頭期限，已經來到第五個小時。最終的結果證明，王任賢是對的！陳會長挺住了，也度過這個攸關生死的生命關卡。

有時想來，或許這就是所謂的緣分。如果當時我在臺北三總任職，又或者還在花蓮慈濟醫院，豈非就來不及救陳會長了？回過頭來又想，北港媽祖醫院這個位於鹽分地帶的小醫院，其存在的必要不該只是扮演慢性疾病診療的角色；救命，才是醫院存在的目的，不是嗎？

「救腦、救心、救命」不能只是一個口號，我必須迫切落實。

# 患者心目中的「國際巨星」

口述／陳廉清

第一次聽到林院長的名字，是在我女兒念高中的時候。當時，她補習班同學的父母出了一場非常嚴重的車禍，一直昏迷不醒，認識他們的人都極盡所能地打聽好醫師，盼能帶來奇蹟。

「爸，你知不知道將軍鄉那裡有一個很會開腦的人？」將軍離我住的地方開車只要二十分鐘，女兒突如其來的大哉問卻問倒了我；我坦言告訴她，我不知道她在講的是何方神聖。

翌日她下課回來，很興奮地告訴我：「我昨天說的那個醫生，他在臺北的醫院工作，名字叫做林……林欣榮！」

當下，我下意識地把這個名字放進了心裡。在很多年之後，因為太太罹患乳癌的緣故，我才終於有緣分與這個名字的主人相遇。

他不僅醫治好許多醫生都束手無策的病人，他也相當細心。

我妹妹的公公曾有好幾年的時間一直嚷嚷著不舒服，也時常打電話要孩子們回來陪他；如果孩子們不回來，他就會開始哭訴自己身體很不舒服、沒有人關心他。

他的孩子一個比一個「將才」，有公家機關的科長、會計師、藥劑師以及地理名師，大家都很忙碌；聽到父親不舒服，便輪番回家帶他四處遍尋名醫，醫生們卻總是找不出原因。

有一回，他又在打電話哭鬧了，於是我妹婿打電話給我，語氣疲憊的說：「我記得你認識一位很厲害的醫師，可不可以帶我父親去讓他看看？」

雖然不知道是不是腦部相關疾病，我還是帶他去找林院長。

一進診間，院長聽完主訴之後，便要老人家起身，從診間的這一頭走到那一頭，再走回來，來回不過才八步吧，院長看了看，就開了一張胸腔X光檢驗單，請他先去照X光。

X光片顯示，他罹患肺癌，而且已經是末期了。

後來我問林院長：「他才走幾步路，你怎麼就知道他肺部有問題？」他理所當然地回答我：「他走路會喘，難道你們都沒發現嗎？」

確實都沒有人發現。親家公半年後沒有太多折騰就離世了。

還記得有一次，我帶著當時還就讀國防醫學院的兒子去見林院長，路上我告訴他：「兒子，等一下我們要見面的人是林欣榮醫師。」

當時他雀躍極了，興奮地告訴我：「林欣榮？他在我們這些學弟妹心目中就像國際巨星一樣！」

這麼多年來，我帶了無數個病患找他醫治；無論他在臺北、臺中還是花蓮，一個個原本躺著進去的患者，多數都能自己走著出院。如今想來，在患者心中，他何嘗不是一位國際巨星呢？

# 第十五章　挑戰漸凍症

他觀察著鏡子裡的那副身軀，彷彿這是屬於另一個陌生人的身體。手腳不停地抖動，臉上戴著氧氣罩；即使將氧氣罩拿下來，依舊不能自在言語，一字一句都得用盡全身的力氣才得以出口；即使吃力地脫口而出，仍舊含糊得難以辨明。啊！還有那顆頭，永遠都是歪歪斜斜地掛在脖子上；從什麼時候開始，他眼前的世界早已跟著這顆歪斜的頭顱變得扭曲了？

他以前不是這樣子的。他用眼睛取代一雙無用的雙手為鏡子裡的自己悄悄畫圖：那骨瘦嶙峋的手臂原本有著迷人的肌肉，萎縮無力的雙腿曾經相當強健有力，運動維持著他身材的壯碩與結實。

他永遠都是抬頭挺胸的姿態；不只挺拔，更是聰明。腦袋中的學識與吸收力還帶著他到美國念書，畢業後輾轉幾份工作都是市面上喊得出來的上市、上櫃公司，識別證上的工程師名稱很是稱頭。

他輕輕喘息著，無力笑著自己怎麼連呼吸都變得如此困難。他時常問自己：「才兩年的時間，我怎麼就成了這副模樣？」明天他將出席一場記者會，但他不會分享患病恐懼；只是想告訴大家，他其實也可以有活下去的權利。

## 被點名「淋冰桶」

「院長，你被點名要參加淋冰桶挑戰了。」某一日，在繁忙的門診與醫院事務的些許空檔中，有人跑來告知我這個訊息。

淋冰桶挑戰，是最近在社群網路上相當熱門的活動。

二〇一四年，社群網站上興起了一項挑戰：參加者必須將水桶裡注滿冰塊與水，並一口氣從頭上淋下，藉此體驗漸凍症患者之苦；將影片拍攝上傳之後，必須得再點名二至三名朋友接受挑戰，被點名者可以選擇淋冰桶挑戰，或者捐錢給美國肌萎縮性脊髓側索硬化症協會。

「是誰點名我的？」我好奇地問。

「主播哈遠儀。」

在我得知消息的當天早上，有「小鄧麗君」封號的主播哈遠儀站在電視臺的大門口，在同事的協助下完成淋冰桶挑戰。依照遊戲規則，她先點名曾在舞臺劇飾演漸凍人的演員金士傑，當天金士傑馬上就完成了任務；而哈遠儀第二個點名的對象，就是我。

「你要淋冰桶嗎？」醫院的同仁問我，而我只是搖搖頭。

我沒有淋冰桶，僅低調地完成捐款；捐完款後，我將自己埋入了實驗室中。在這間實驗室裡滿載著漸凍症患者的治療方針，我必須在猶如宇宙般廣闊的眾多藥物與方法中，一一找尋最安全、有效、可靠的方式；這個研究已經持續好多年了，這也是為什麼哈遠儀會點名我的原因。

身為醫者，我除了捐錢之外，還能做出其他的貢獻——為漸凍症患者找到治療與存活的機會。

## 投入漸凍症療法研究

俗稱漸凍症的運動神經元疾病（motorneuron diseases）是一種罕見疾病，是世界五大絕症之一，患者的全身肌肉會漸漸萎縮、無力；目前無藥可治，市面上的藥物都只能延緩生命的期限，而且僅有二到六個月。

有一天，一位慈濟志工打電話給我；那是在我還在慈濟醫院任職期間，我們很是熟悉，幾次碰面時曾聊起我的研究，她希望我可以幫幫她的忙。

「院長，不曉得您有沒有聽過漸凍人這種病？」她問。

「當然有，我的診間有不少漸凍人患者，還有一位朋友的女兒也是。」面對無法可施的罕見疾病，我只能開藥物給他們；在一次次的回診中，我看見疾病變化的快速，他們的身軀日漸扭曲，從一個能走能動的人，變成一具只能靠呼吸器勉強存活的軀殼。

「我哥哥也是。」這位慈濟志工的眼神中閃過一絲冀盼，她詢問我：「院長，既然您那麼熱衷研究，可以針對漸凍人的治療進行相關研究嗎？」

對於這般目前令人束手無策的疾病，我何嘗不想研究？每次在診間看見漸凍患者回診，我也幾度思考：難道，除了給他們藥物延遲那些許生命時光之外，我就無計可施了嗎？

「但是研究需要經費。」我坦白告訴她：「研究經費相當昂貴，這並不在年度預算當中。」

這位志工一聽，豪氣地說：「我捐出兩百萬！只要您願意投入研究。」

我將這個訊息轉告一些比較熟悉的漸凍人患者，他們很是支持，也慷慨解囊，希望我能給他們一點希望。

我坦白地告訴他們，研究並非一蹴可幾；即使幸運成功了，也可能他們已經等不及了。但是，病人們給我的回饋，一再地讓我的胸口滿是悸動：「就算我們等不到研究成果，總有一天，別的漸凍人患者有機會可以等到。」

拿著慈濟志工捐出的兩百萬元，再加上幾位患者集資捐出的一百萬元，我開始與研究夥伴韓鴻志一同投入動物實驗。我先從美國引進漸凍鼠，運用再生醫學的理論，將自體脂肪幹細胞打入實驗病鼠的大腦，使幹細胞作用於大腦到脊椎神經束；實驗證明，神經開始自行修復，病鼠不僅運動功能有所改善，甚至壽命也有了延長的跡象！

我們將動物實驗的有效治療整理成冊，分別向美國食品藥物監督管理局與臺灣衛生福利部食品藥物管理署提出申請，估計不久後就能通過，順利的話也能開始執行人體試驗。

我很開心地打電話給那位慈濟志工的哥哥；由於他已經沒有辦法言語

了，因此電話轉接到他的兒子手中。

「院長……」青年的語氣沒有想像中雀躍，反而帶著幾分疲憊；而我即將說出口的話還來不及帶給他任何一絲的喜悅，他告訴我的話語卻如同一張黑網，徹底地把我包覆起來：「院長，這恐怕是我們最後一次通話了；我爸爸……他前兩日走了……」

他兒子說，父親病情惡化到根本沒有辦法呼吸，在最後的一呼一吸之間出了差池，便徹底地離開人世。

我知道他父親不願意做氣切；如果有氣切並插管，他就可以透過呼吸器繼續存活；但他或許不願意人生最後活得如此像個機器人，只能沒尊嚴地仰賴機器維生。

這是一個突如其來的噩耗，狠狠澆滅了我原本興致勃勃的愉悅；當下，我感覺自己彷彿分解成百萬個小分子，消失在無盡的悲傷之中。我只能抓緊最後一絲力氣屏住呼吸，直到掛上電話之後，才放任自己痛哭失聲。

## 申請「恩慈療法」

好一陣子，我腦中只是不斷地在想，我虧欠這家人兩百萬的信任。然後，我遇見了他，留美工程師郭大偉。

「院長，我願意當你的白老鼠。」看著郭大偉拖著孱弱的身軀，彷彿用盡全身力氣地吐出這一句話，我難以相信，他竟然才四十歲而已。

頂著美國紐約大學電機碩士學歷，郭大偉一路走來都是人生勝利組，不僅曾任富士康、宏達電等科技大廠的工程師，家庭更是圓滿。他怎麼都沒想到，女兒剛滿週歲，他的美滿人生便悄悄地出現令他無法承受也意想不到的裂痕。

「最先的症狀是吞嚥困難。」郭大偉指著自己歪斜地掛在脖子上的頭說：「然後，我發現我的頭慢慢地無法抬起，去看醫生之後才被確診是罹患漸凍症。」

他來到我眼前時，已經發病三年了，不僅完全喪失吞嚥能力，就連喝水也會全身抽筋，四肢更是萎縮且癱軟無力；除了得靠胃管灌食，還得佩戴氧氣罩。他哀傷地告訴我：「現在，我連要抱起四歲的女兒都沒有辦法。」

「你要不要去北港媽祖醫院找他們的院長林欣榮？聽說他正在積極規畫

幹細胞治療的人體試驗計畫，或許他有辦法幫你一把。」在他遍尋名醫積極治療的過程中，一位醫師這樣跟他說。

於是，他找上了我。我用了不少時間詳細地跟他解釋我的研究方式——或許能帶來奇蹟，卻也連帶著有各種風險；「這樣你還願意嗎？」

「就算因為實驗而死，至少我努力過。我把殘命貢獻出來，要死得有價值，造福其他漸凍人。」他的笑容充滿著決心，奮力一搏的姿態就像個無法撼動的巨人，讓人幾乎忘卻了他那無力的身軀所顯現出的薄弱。

我有信心，他有決心，我替他打造以自體脂肪幹細胞進行腦部移植合併靜脈注射的「幹細胞治療人體試驗計畫」，並向衛生福利部提出人體試驗；然而，想不到衛生福利部卻以治療效益等細節資訊不甚充足為由退件。

人體試驗涉及病患生命，審查時間與評估標準都相當嚴苛，他的黃金治療期卻只有三到五年，我很害怕再一次送走了一條生命。已經沒有時間了，當時我們決定召開記者會，期待引起社會關注。

在記者會上，郭大偉以無力的手，一筆一畫地寫下：「救救我們的家庭。」字句雖短，卻刻入了無盡的不甘；他還想拚拚看，拚一個生存的機會！如果最終結果不如預期，他也才能甘心、甘願地放下對人世間的牽絆。

不久後，我們收到了好消息。

衛生福利部醫事司長王宗曦提出解套方式：「建議主治醫師在病患沒有其他替代治療方式時，以病患同意使用藥效尚未經證實或安全性有疑慮的療法為前提，採個案方式申請『恩慈療法』。」

我們在第一時間備齊所有文件，郭大偉更是迅速簽下了同意書，一併提交申請恩慈療法；沒過多久，恩慈療法就通過了。

我們在他的腦子裡植入兩億個幹細胞，並透過靜脈輸入四億個幹細胞。在接下來的十三個月裡，郭大偉的行動開始有了進步；即使進步的幅度並不大，但似乎已經開始拉開了與死神所約定的日期。

「院長，我還可以再做一次手術嗎？」郭大偉跟家人對這次的手術療效充滿信心；他們相信，如果再植入幹細胞，或許一切會變得更加不同。只可惜，要再向衛生福利部提出申請，還得再等上三年。

我們的歡欣與期待等不到三年。某一天夜裡，看護睡著了，沒有人發現郭大偉的氧氣罩早已掉落，他的生命就在那一刻戛然而止。

# 第十六章　不漸凍的創研

打開電腦、連結上網路後，我習慣將滑鼠箭頭指向電子信箱的快捷連結；在無遠弗屆的網路世界裡，電子信箱替我帶來自世界各地匯集至此的訊息。

在這個摸不到的世界裡，毫無意外地有著醫學電子期刊，也有院內醫務報告，這些信件的寄件人、署名，我都相當熟悉；因此，參雜其中的一封陌生的署名信函，格外引起我的注意。

這是一封求助的信。

一位來自香港的律師在信中告訴我，自己被醫生宣判罹患俗稱「漸凍症」的疾病。多年來，他一直試圖與疾病抗爭，也曾試著與之和平共處；然而，無論他選擇積極又或者是消極，疾病始終沒有讓他過上一天好日子，甚至還耗去了他的生存意志。

「我找遍了所有的醫療方式，發現在臺灣的您正嘗試執行幹細胞療法。不知道我是否能有這個機會，參與人體試驗計畫？」這一段話，便是他來信的要點。

我難以想像他是如何寫下這封信的。或許他是艱困地舉起無力的雙手，在鍵盤上敲打出這些字；也或許他請家人代為打字，又或者透過語音輸入……無論是以何種形式，他從香港找到了我。

可是，我卻沒有辦法給他最想聽見的回答。

## 培養「漸凍鼠」

投入研究起始於三總時期，我若不是在門診、手術室，就是在研究室裡做實驗。當時，我隔壁那間研究室還是空著的，裡頭堆滿了被遺忘的陳年雜物，以及靜靜等待風吹揚起的灰塵。

有一天，我聽到隔壁研究室傳來聲響，那是移動、搬運、整頓的聲音，那間靜默多時的研究室開始啟動研究的能量。它的新主人是韓鴻志教授，一位對研究有著狂熱意念的男人。

我們比鄰而居，逐漸熟識，他後來更成為我長年的研究夥伴。

我們分工合作，他在實驗室研究，我則在臨床提供第一線的醫病需求。我們搭配得天衣無縫。對於研究，韓鴻志鑽研認真，更是嚴謹地監督著研究生們的研究進度；他常常告訴研究生：「在學的時候，你們絕對不能交女朋友；可是，畢業的時候，要帶女朋友來我才准你們畢業。」

面對這個不合理的要求，很奇怪地，我們的研究生總是有辦法做到。下達不准交女朋友的指令，是因為他希望研究生可以專注在研究上；研究速度若是能快一些，我們能救的人就能多一點。

他急，我也急。站在臨床的第一線，看著病人在生命中苦苦喘息、掙扎，我總會回過頭來告訴研究生們：「你們的動作要快一點、再快一點！」

我們試圖從中草藥中找出對抗癌症的方法，也設法突破目前惡性腦瘤藥物的限制，當時我們也嘗試一同為無藥可醫的漸凍症覓得光明生機。

漸凍症的致病原因不明，僅有百分之五到十的患者是因為基因遺傳；因此，我們從美國引進一批漸凍鼠。不過，經由農委會、動物委員會等單位的層層關卡審核之下，經過半年的時間才終於引進臺灣。

我們沒有辦法一次次地等待半年的時間。

「老鼠的數量那麼少？要加把勁，讓牠們再多生一點。」一走入實驗室，看到漸凍鼠數量稀少，我著實心急；病鼠的數量如果多，研究才可以加快，我們必須透過漸凍鼠的繁衍，製造出足夠的漸凍鼠。

「我很努力了。」韓鴻志無奈地說：「晚上我都幫牠們營造很好的氣氛，甚至還去藥房買壯陽藥給牠們吃。你就不知道，藥師聽到我要買壯陽藥，還打量了我一番。」

據說，藥師狐疑地看著韓鴻志說：「你還年輕，看起來也身強體壯，應該不需要吧？」

「我都有小孩了，怎麼可能會是我要用的！」韓鴻志又羞又惱。此後，便請研究生去買，自己再也不敢親自去藥房買藥了。

「氣氛也營造了，壯陽藥也給牠們吃了，老鼠們就是『性』致缺缺，我有什麼辦法？」他沉重地嘆了口氣，聲調是如此無可奈何。

我知道韓鴻志的困難。由於疾病的關係，漸凍鼠不好動也不想動，要牠們好整以暇地繁衍子孫，確實是難為了。但是，站在臨床第一線的我總是在面對來不及——我送走了慈濟志工的哥哥，也送走了郭大偉；眼看一個個對我寄予厚望的患者離世，我無法背負內心的焦急。

## 香港知名檢察官傳來的求助信

我在電子信箱中，看見了洪秉政的來信。

他是一位在香港出生的檢察官，更是加拿大安大略省首名華裔檢控官；所經手的案件，都是能登上新聞頭條的刑事案件。

這般威風凜凜的檢察官，即使有縝密的思考邏輯以及充沛的資源，卻怎麼也敵不過漸凍症的巨大襲擊。他才六十二歲，實在不甘心窩居在日漸萎縮的肌肉軀殼中，他奮力地從不爭氣的氣管汲取活下去的氧氣；但他心知肚明，這股抗衡的力氣正在以他無法控制的速度流失。

他遍尋全球的醫療資源後找上了我，希望成為幹細胞移植的人體試驗者。

我多想告訴他：「歡迎你來臺灣，我隨時在這裡等候你。」

我也很想告訴他：「幹細胞療法尚未通過人體試驗檢測是否為有效且安全的療法；若你對我有信心，我也願意協助你。」

我好想告訴他這些話；只可惜，我由鍵盤敲出的字句卻事與願違：「很抱歉，目前臺灣醫療法規尚未通過此療法的人體試驗；即使我們深具信心，礙於法規，仍無法將此療法運用在人體上。對不起，讓你失望了；但是，我們會繼續努力，期待有一天，法規的許可能讓我們都充滿希望。」

這封信寄出去的幾天後，我在新聞上看見到他前往瑞士安樂死的訊息。

在前往瑞士之前，洪秉政在辦公室錄下一支短片。「And now, the end is near. And so I face the final curtain. My friend, I'll say it clear. I'll state my case, of which I'm certain…」鏡頭前的他，以滄桑的嗓音配合著緩慢而悲傷的旋律，唱出法蘭克・辛納屈（Frank Sinatra）的名曲《My Way》。

以一句「現在快要離別」開始，這首《My Way》常被用來做為告別曲，更是英國喪禮上最常被用來當作輓歌的曲目之一。洪秉政以這一首曲子向朋友告別，也希望大家能支持他一心想要離開人世的決定。

這並非是膽小或是逃避。

他的一心赴死，讓我想起同是漸凍症患者的張銀雪，她同時也是投注資金支持我研究的患者之一。

在醫生的估計下，張銀雪原本只剩下兩年的生命；但是，她用強韌的生命力努力撐過每一天。雖然她活著，心裡卻苦；她曾在慶祝結婚三十五周年的前夕，對著深愛她、一直不離不棄的先生表白：「如果下輩子我還是漸凍人，我不願意嫁給你。」

這番話表面上是絕情，深知原由的人卻都明白，這是難能可貴的深情告白；若非被身體所困，她千萬個不願意殘喘，不想成為家人的累贅與負擔。

如果可以，誰願意讓自己成為蜷縮在輪椅上，仰賴儀器供應生命的能量？如果有那千萬分之一的選擇，他們都願意奮力一搏，再一次感受森林的涼爽、赤腳在草地上領略慢慢滲出水分的潮溼土壤，並用力熱切地親吻他們最深愛的人。

可惜，他們困於自己的身體，一切都只能在腦中想望而身不由己。

## 研發出漸凍症新藥！

一路走來，漸凍症患者給我的盡是悲傷。然而，一切創新起於一念悲心；我告訴自己必須強忍悲痛，振作起身，做我可以做的事情。

當幹細胞療法受困於人體試驗階段時，我與韓鴻志早已攜手尋找新的治療藥物。在不斷的開發試驗與失敗的循環中，耗時五年，我們終於研發出全新的漸凍症治療藥物！

市面上的漸凍症藥物目前只有兩個選擇。一個是老藥，可以延長漸凍症患者兩個月的壽命；運用在老鼠身上，則可以將原本一百三十天的壽命再延長十四天。另一種則是日本剛通過的新藥，與第一種藥物的藥效差不多，但不是內服，而是用打針的方式，半年只要打六針就可以達到跟第一種藥物的效果一致；但是針劑相當高昂，要價一百五十萬元新臺幣。

而我們研發出來的藥物，則是可以讓原本只有一百三十天壽命的老鼠，延展存活至兩百天。

雖然這種藥物仍然無法治癒他們的疾病，卻能有效調整生存機轉；對比舊有藥物平均只能讓實驗鼠多存活十四天的療效，我們的新藥足以讓研究鼠多存活高達九十一天。

我必須承認，這個新藥無法治癒漸凍症；我也知道，這只是研究的一小步。然而，哪怕是比舊藥的效力能再多活一天也好，我希望給他們以及自己更充裕的時間，足以等待醫療的突破與探索。

# 第四部

我會保持對人類生命的最大尊重。

——《日內瓦宣言》第九條

# 第十七章　一聲「林爸爸」

夜深了，他的病床就在窗戶邊；幾乎所有的病人都睡了，只有他，坐在病床邊望著窗外的滿天星斗與上弦月，低光害的花蓮夜空像是一幅畫。

「怎麼還不睡？」我走過其他病床來到他身邊，腳步盡量輕盈。看著他滿臉的憂愁，我想給他一些安慰：「在擔心明天的檢查報告嗎？」

他是來接受巴金森氏症的檢查，包含藥物測試、認知評估、磁振造影、正子造影、核子醫學等，預計需要住院四至五天才能完成所有的檢查；也必須跑完所有的流程，我們才能透過科學顯示根據，分析病情並確診，找出最適合他的治療方式。

今天他才來第一天而已，即使他一向都是那麼開朗，但面對疾病時，誰還能談笑風生？我想，我能明白他的憂愁。他還那麼年輕，如果確診是巴金森氏症，他有妻有子，未來還有漫漫人生路，該如何走下去？

「你看起來怎麼忐忑不安？是不是在擔心巴金森氏症的問題？如果是的話，我來處理就好，你相信我。」我說這話的同時，心裡正納悶，陪他一起來的太太怎麼不在這裡？是去上廁所、倒水，還是去買消夜了？

聞言，他回過頭來，一臉哀傷，沉重的擔憂正包圍著他；一開口，喉間的聲線彷彿已經狠狠大哭了一場：「院長，我的兩個小孩出了嚴重的車禍，現在不知道情況怎麼樣了……我可不可以出院？我想回臺中。」

## 禍不單行

當我還是住院總醫師的時候就認識了謝睿騰；因為一臺脊椎手術，我讓二十三歲的他重新恢復行走的能力。熱情的他從此與我結下好緣分，長久以來我們保持著緊密又自在的聯繫。

伍、娶妻、生子。

我離開三總，來到花蓮慈濟醫院；謝睿騰也從一個青澀的阿兵哥，退

他小我十一歲，既年輕又身強體壯，我從沒想過會在大林慈濟醫院遇見他，而且還是在巴金森氏症的聯合門診中。起初我還以為他是想來探望我這位老朋友，笑容滿面地對他說：「又沒有生病，你好好的來這裡做什麼啊？」

沒想到，他在我面前一坐下來，馬上劈頭對我說：「院長，我覺得我不太對勁。」

「我到臺中的幾間大醫院就診，醫生們說我是中風、腦梗塞。」他平抬起一雙手，指尖正在不停地微微抖動，「但我覺得我的狀況不是他們判斷的那樣……」

這樣的病徵我看多了，撇去寒暄，下意識就告訴他：「這樣的情況極有可能是巴金森氏症，不過還算輕微，或許吃藥就可以緩解了。」我告訴他，花蓮慈濟醫院有精密的儀器可以確實檢查，「排個時間來花蓮做檢查吧！」

過幾天，他太太陪著他來。雖然才第一天檢查，陳新源在陪著他走出檢

查室的路上，就請他先要有心理準備：「你的病症，大概就是巴金森氏症沒錯。」

回到病房的床上，他與太太還在咀嚼這個突如其來的訊息，試圖要自己坦然接受，隨身的手機忽然響了起來；話筒的另一頭，響起謝睿騰母親焦急又破碎的聲音：「你爸爸騎機車去接兩個小孩放學，結果被酒後駕車的人撞上了！兩個孩子現在都在急救，我不知道該怎麼處理，你們快點回來！」

出車禍的兩個孩子分別是他的小女兒謝安琪以及小兒子謝宏昌，都才只是國中生而已。

「你留在這裡繼續檢查，我先回去看看狀況如何。」他太太看了看時間，最後一班飛機或許還能趕得上；她以最快的速度抓起錢包，趕緊搭著計程車往機場飛奔而去。

「安琪腦出血，醫生說還沒有很危急，再觀察看看，或許可以自行吸收。」「宏昌到院的時候，雙耳流血、鼻孔也流出血來，瞳孔已經放大了，醫生正在幫他動手術。」

消息陸續傳來，謝睿騰的心沒有一刻是平靜的。那晚我去巡房時，看見他滿臉憂愁，還以為他是在擔心自己的巴金森氏症。

「院長，我可不可以出院？」他開口問我，月光穿透東五病房的窗，照映在他布滿因為焦急而加深歲月痕跡的臉龐。

我看了看時間，最後一班飛機已經飛走了；即使馬上辦理出院，也只不過是先到機場的座椅上等待日出罷了。我只好安慰他：「先別那麼擔心，要走也要等天亮再走。」

翌日清晨五點，他已經辦妥出院手續。我無法替他分擔憂愁，臨別前只能告訴他：「有任何需要我幫忙的，儘管打我的電話，知道嗎？」

## 腦部受重創的姊弟

回到臺中，謝睿騰急奔醫院。宏昌當時已經離開手術房，但是尚未脫離險境；醫師將他送入加護病房，交代護理同仁縝密觀察。而原本狀況被判定良好的安琪，卻正要被緊急送進手術室。謝睿騰看著女兒一頭烏黑的髮被剃個精光，頭上還裝著腦壓器，腦中頓失所有的思緒，僅存無以名狀的恐懼；醫生的一番話，更讓他站不穩腳步：「她的腦子裡全都是血。」

安琪被緊急送入手術室，醫生才輕輕劃下一刀，被壓抑許久的血水像一道水壓極強的噴泉傾灑而出，噴得醫生與護理人員一身是血。醫生當時告訴他們：「這樣的案例我曾遇過兩個，一個已經走了，一個是植物人，請你們務必要有心理準備。」

他這幾天聽過太多次「心理準備」了，但從沒有一次像這一刻那麼震懾；醫生的話才剛說完，謝睿騰當場就暈厥過去了。

他醒來時，人在急診室的病床上，手上扎著點滴針。顧不得腳步的紛亂，他一把將手上的針管拔除，血滴猶如潑墨似地散在他的手臂上，他卻一點也不以為意。在太太的攙扶之下，他們舉步維艱地走往加護病房；太太在找不到任何婉轉的話語下，直接了當地告訴他：「安琪的左腦整個被拿掉了。」

加護病房的門打開了，一左一右躺著他的兩個心頭肉，昏迷指數顯示為三。

「有任何需要我幫忙的，儘管打我的電話，知道嗎？」

我的這句話突然在他腦裡響起，謝睿騰如夢初醒地拿起手機，用顫抖的手指用力按下一顆顆數字鍵；此時此刻，他很確定干擾動作的顫抖絕非巴金森氏症，而是排山倒海而來的恐懼。

在花蓮的我當時正在開會，手機的震動讓我不由得將手伸入口袋，一見到螢幕顯示謝睿騰的名字，顧不得會議正在進行，我馬上接起電話，急著問：「孩子的狀況如何？」

「不好，可是我不會講。」我才聽到他虛弱地講出這句話之後，就傳來話筒被轉移的雜音，等到電話那端再次回應我時，已經由別人接起電話了：

「你好，我是安琪跟宏昌的主治醫師。」

「你好，我是林欣榮。」簡短地自我介紹後，我請對方告訴我兩個孩子的狀況如何，一邊聆聽、一邊思索著該如何以最有效、最快速的方式協助他們度過難關。我很幸運遇到這位醫師如此地相信我，他記下我所講的每一種方法、並向其他醫院調用藥品，盡可能地配合我的醫療診斷方式為安琪與宏昌進行治療。

一週後，兩個孩子還沒醒。我告訴謝睿騰，絕對要充滿信心，也在電話中教他們夫妻如何觀看儀器上的數字，當心跳、血壓低於一定數值時，千萬要趕緊跟醫護同仁報告。

五十天後，安琪與宏昌醒了；姊弟倆醒來時的狀態都不好，症狀卻截然不同。

宏昌只要一睜開眼就會對人拳打腳踢，即使手腳被固定住了，他仍不放棄攻擊，還會張嘴咬人；而安琪，就像是一只失了魂的洋娃娃，睜著眼睛躺在床上，不笑、不動也不說話。

宏昌的狀況還能以藥物進行安撫，安琪的狀況卻只能仰賴父母的耐心，我告訴他們夫妻：「你們一定要持續跟安琪對話；如果可以，找出她最深刻的回憶，試圖找回她對生命的熱情與動力。安琪有沒有喜歡什麼歌或是偶像？」

「有！她很喜歡兩個當紅的男子團體。」

「那就每天放他們的歌給安琪聽。」我建議。

謝睿騰的太太為此去買來一支可以播放音樂的手機，日復一日地在病房播放著女兒最喜歡的歌曲。慢慢地，安琪逐漸掙脫箝制著她的枷鎖，逐漸能與他們互動，即使精神狀況與行動能力連嬰兒都不如。

等到兩個孩子出院並轉到復健醫院之後，謝睿騰開了十二個鐘頭的車，載著兩個孩子到花蓮慈濟醫院來找我。

當時，我眼前的安琪只能以極度緩慢的速度走動；失去左腦的她認不得人，也失去了言語的能力。我開了一些藥給她，並再次叮囑謝睿騰：「不要失去希望，一定要讓安琪持續復健。」

宏昌的躁動依舊，我攤開給宏昌的藥，盡可能親切幽默、笑容可掬地告訴他：「這裡有兩顆藥丸，紅色這顆是慈悲的藥，可以讓你不要再生氣、覺得很快樂；白色這顆是頭腦壯壯的藥，吃了之後你就可以變得很聰明喔！」

聽我這麼一說，宏昌靜了下來，瞇著眼對我笑，像是覺得有趣極了：「我每天都會乖乖吃藥！」

## 只有右腦的大學生

謝睿騰之後每個月都會帶兩個孩子來我這兒回診並拿藥，無論我人在花蓮慈濟醫院，又或者後來轉職到中國醫大。一年接著一年過去了，我也看著兩個孩子逐漸康復；宏昌的狀況較好，失去左腦的安琪則比較辛苦些，但是已經能緩慢行走，甚至也能開口講話了。

不知道從什麼時候開始，兩個孩子不再叫我林醫師。

「林爸爸！我之前的夢想是想要當護士，可是我現在這個樣子是不是就不能當護士了？」在診間，安琪的一字一句，似乎都在泣訴著這場車禍為自己的一生寫下了一紙無法上訴的判決書，她的夢想再無實現的可能。

「想要幫助別人，不見得一定要當護士啊！醫院還有各式各樣的工作呢！」我告訴她，我除了專攻腦神經外科之外，還取得美國杜蘭大學醫院管理碩士的學位，「妳也可以念醫管！」

這句話給了她如同陽光燦爛般的希望，她開始拚命地念書；如果在書上被困住了，就會跑來尋求我的協助。即使我告訴安琪，隨時都可以來辦公室找我；但是，貼心的她不想干擾我的休息時間，總是到櫃臺規規矩矩地掛號，苦苦地等著診間上的號碼跳到屬於她的數字，才走入診間、攤開書請我替她指點迷津。

後來，她不僅考取中華醫事大學醫務管理系，同時也獲得總統教育獎。

聽到這個好消息之後，我買了一臺筆記型電腦送給她，像個真正的父親般地為她歡喜：「我這一輩子得過很多獎，就是沒有得過總統教育獎，妳比我厲害多了！」

這句話並非只是安慰。安琪曾說，這場車禍是她一生的痛；但是，這場車禍也讓我親身參與醫學上的奇蹟：她失去了左腦——掌控算數、語言、個性以及右手與右腳的行動力，但她的右腦竟然發揮了代償功能，讓她的語言、運算以及邏輯推理能力仍能進行！

行醫多年，我見證無數的死亡，也看到無數的強韌生命；而安琪與宏昌的一聲「林爸爸」，則是最讓我安慰的回饋！

## 將病人放在心裡的溫柔

口述／謝睿騰

三十幾年前，我還是一個二十三歲的年輕人，正在軍中履行國民義務；然而，一場意外讓我的脊椎骨受傷了。軍中的同僚與長官緊急將我送往國軍醫院，醫生說應該只是小傷，過幾天就會愈來愈好。

但是，我的腳卻不爭氣地愈來愈沒有力氣，漸漸地就連拄著拐杖也沒有辦法行走；於是，軍方再次緊急將我送往三總。這是我跟林欣榮的第一次相遇；當時，他既不是院長，也還沒有升上主任，甚至連主治醫師都不是，不過是一個住院總醫師。

經過一連串的精密檢查，不知道通過了多少部機器；檢驗結果顯示，我的脊椎骨不僅凸出，甚至還穿透了神經，這也是導致我不能行走的主要原因。

他坦白告訴我：「唯一的治療方式就是開刀；開得好就可以正常走路，開不好就是終身輪椅。如何?你要賭賭看嗎？」

當年，臺灣神經外科權威施純仁才剛幫唱紅《我愛月亮》一曲走紅的「月亮歌后」李珮菁執行脊椎手術；手術最終宣告失敗，李珮菁從此下半身癱瘓。無獨有偶地，李珮菁跟我一樣，才二十三歲。

連施純仁都執行失敗的手術，初出茅廬的一位住院總醫師能行嗎？我可以相信他嗎？

有一天，他來巡房，我快人快語地問他：「我媽問說，如果手術失敗，我不會走了，以後還能娶老婆嗎？還能傳宗接代嗎？」

就算要賭，我也必須做好最壞的打算。

當時才長我十一歲的林欣榮有著三十幾歲年輕人的活力，並且帶著滿面的自信，笑嘻嘻地對我說：「你就相信我啦！」

就這樣的自信與一句話，我決定跟他拚拚看！這是我人生的第一場豪賭。

當我從麻醉的昏睡中甦醒，模糊的意識逐漸明朗之後，護士開始拔掉我身上的管子，然後林欣榮來到我身邊，拍拍我的肩說：「來，我們試著下床站起來看看。」

撐著病床的欄杆，我移動那癱軟在床上多日的雙腳，踩踏在冰涼的地板上，一個使力，我竟然站起來了！

我為這個意料之外的奇蹟咧嘴而笑；回過頭看他，他卻笑得比我還要開心，並繼續下達指令：「動動腳趾頭！」

我的腳趾頭聽從了我的命令！

他這才宣布：「恭喜你，手術成功了！」

他是我的恩人，我們始終保持著聯絡。多年之後，他救回了安琪與宏昌的命，升級為「我們家」的恩人。

我佩服他的不是他身為一位醫生所該有的專業與架式，而是他始終把病人放在心裡的那份溫柔。宏昌國中畢業那年，他拿到了總統教育獎；對他而言，這是很特殊的一年。畢業典禮的前幾天，他手寫一張邀請卡，並親自送給林院長，希望「林爸爸」可以來參加他的畢業典禮。

院長翻開邀請卡，看了上面的日期之後，不好意思地說：「真不巧，那一天有個很重要的會議要開。」

宏昌無法掩飾臉上的失望；我想，林院長當時有將孩子的神情記在心裡。因為，在畢業典禮當天，他竟然出席了！

他把我的孩子當成是自己的孩子一樣在疼愛，這份心猶如稀世珍寶，是我們家最珍藏的一份禮物。

# 第十八章　挑戰惡性腦瘤

告別式那天，似乎連空氣中都瀰漫著哀戚。我正坐椅子上，耐心等待著被唱名向前捻香、獻花。

望著放置在靈堂前的遺照，這個人的面容幾個月前還安詳地躺在手術檯上；而面對著他，並在他頭顱劃下刀的醫師，正是我。

手術前，我在診間與他和他的家人討論著病情。我望著電腦傳來的檢查結果，開門見山地告訴他：「我們確定長在你腦子裡的是惡性腫瘤，另一個比較通俗的稱呼就是腦瘤。」

「我知道，另一家醫院也是這樣跟我說。」他是一位企業家，有著商人的精明與身為老闆的穩重，我直白地告知他的病情，他也不諱言地問我：「我對你很有信心，希望能由你幫我執行手術。」

約好時間，我們進入了手術室。我從血跡、組織與細胞中，很快地就找到那顆緊抓著他不放的惡性腦瘤；根據形狀、大小與整體狀況，我判定這是惡性腦瘤中最惡性的，不僅腫塊硬，還有很多纖維。我花了許久的時間，才慢慢地清除乾淨。

手術很成功。但是，為了腦積水，我還另外幫他施行腦室腹腔引流手術，也就是將引流管放入腦室，經由皮下通到腹腔內；如此一來，當腦室內的壓力升高之後，就會將腦脊髓液體引流至腹腔。

一切看似萬無一失；卻沒想到，腦室腹腔引流手術會成為導致他死亡的利刃，也成為我今日坐在這裡等待著為他捻香的起因。

## 接任安南醫院院長

二〇一三年，安南醫院在臺南開幕成立，這是首座由地方政府辦理並轉由民間投資興建與營運的醫院，承接的即是中國醫藥大學集團。安南醫院是中國醫大布局南部的灘頭堡，我在董事長蔡長海的指派下，承接首任院長的職務。

依循北港媽祖醫院的模式，我在安南醫院亦主打「救腦、救心、救命」等急症醫療作為主要經營訴求，

「林爸爸，我來當志工了！」在大廳，我與謝安琪相遇。

安南醫院距離安琪與宏昌念的中華醫事大學很近；為了讓姊弟倆能安心念書並且就近照顧，謝睿騰與太太毅然決然地搬離臺中，遷至臺南定居。

每逢週末、寒暑假，安琪必定會來醫院報到當志工；看著她以緩慢的步伐、懇切的神情為來就診的病人指引，或者是幫忙送檢體，一步一步地填滿醫院的每一個角落，我在內心為她感動與喝采。這個孩子正在活出另一段人生；或許與一般同齡的小孩截然不同，更加辛苦萬分，但是她相當爭氣！

看著安琪，讓我覺得很欣慰；而她右手臂上的那一塊焦黑，也令我想起前幾年她還在念高中的時候，我在中國醫大為她執行的手術。

某一天，她來到我的門診進行例行性回診，當時我就注意到這一塊焦黑的皮膚，那是以前沒有的。在我的詢問下，謝睿騰語氣中有些無能為力：「是因為學校的烘培課程。安琪因為失去左腦的關係，右手跟右腳幾乎沒什麼知覺，所以被燙到了也不會第一時間就縮手，因為她根本沒感覺。」

我不捨地望著那一塊焦黑；更擔憂的是，再這樣下去，她的手腳就會開始萎縮。我必須得想想辦法，當時徘徊在心中的念頭始終都是：「我可以為這個孩子做什麼？」

一個大膽的想法像隻大手般地緊緊揪住我的心，我也毫不猶豫地與謝睿騰分享：「有一種機器叫做脊椎腔微量藥物注射；注入身體之後，藥物就可以透過這部機器一點一點地釋放。通常是運用在中風與腦性麻痺患者身上，達到放鬆肌肉的效果，僵硬的肢體會慢慢鬆開，也會比較有知覺。」

如我所言，以往這個醫療方式只應用在中風與腦性麻痺患者身上，還沒有運用在車禍患者的案例。

我維持著一貫的坦白，而謝睿騰也一如往常地信任我的判斷。

我將脊椎腔微量藥物注射的幫浦與導管植入安琪的腹部皮下，藥物將經此注入脊椎。在二十四小時連續給藥並配合復健之下，安琪走得比以前更好，在遇到熱燙與疼痛時，也知道及時縮手了。

我給了她一副強壯劑，而她則是我的一劑強心針；每每看著安琪，我就對於現代醫療深具信心。但是，這並不代表我未曾在病人身上深受挫折，尤其是惡性腦瘤的患者。

## 過世病患捐款研發

我將安南醫院定位為急重症醫院，在這間區域醫院所執行的手術量甚至超過鄰近的醫學中心；雖然是一間新興醫院，但是深獲民眾信任。或許就是如此，那位企業家才會來找我。

面對即為惡性的腦瘤，為他執行手術並不輕鬆；不過，歷經數個鐘頭之後，我仍然在極為滿意的情況下將他送出手術室。當時的我怎麼也想不到，術後所引發的引流管感染已經侵門踏戶地進到他的身體裡了。

在任何可能的醫治方法與急救之後，他的心臟最終還是停止了跳動。

我壓抑住滿腔的不理解與不甘願。

在我的記憶中，有不少醫生同僚自殺，又或者是罹患憂鬱症，主要都是因為病情在無可預期的狀態急轉直下。明明手術很成功，為什麼會引發感染？明明昨天還恢復良好，為什麼今天就急速惡化？在醫學領域裡，沒有百分之百的成功，總有百分之五的概率會陷入無可預見的危機。

記得有一次，證嚴上人結束例行的全臺行腳、回到花蓮之後告訴我們，他看到許多跟隨已久的弟子，紛紛因為老化、疾病變得認不得人，甚至有些還從原本的有禮溫婉、精明能幹變成了「老番顛」，讓上人不禁有感而發：「人生怎麼會這樣？眼看我也八十幾歲了，是不是也乾脆不要做了……」

聽到上人這番話，我們都嚇壞了。為了緩和氣氛，我開玩笑地對著鄰座的林碧玉副總說：「副總，妳是怎麼安排的，怎麼帶上人出去一趟，回來就說他不想做了？」

上人聽我這麼說，連忙打圓場：「這不是她的問題啦！是我自己的問題。」

一如上人這樣的大智慧者，也曾因為眼見這般的無常而有了負面的念頭；凡夫如我們，更是需要鼓勵。

告別式之後，企業家的家屬來到醫院，我以為他們會生氣、憤怒；然而，一切預想中的情緒發洩卻未曾發生。相反地，我坐在椅子邊緣，從家屬手接過一紙薄如蟬翼、卻重似千斤的兩千萬元支票。

家屬語帶感謝地告訴我：「我父親在手術之前就說，他知道這手術並不容易，無論是成功或是失敗，他都要捐出兩千萬元給安南醫院，讓你們投入研究，希望未來能幫助更多人。」

拿著這一紙支票，我內心千頭萬緒。與其沉溺在挫折之中，我更該將這些力氣用於研究，找出解決的方法，不是嗎？就如上人雖在行腳中感受到挫折，之後在斗六遇卻受到了一位一百零一歲的志工鼓舞。那位志工年歲雖長，然而身子骨相當硬朗；他中氣十足地告訴上人：「我會一直做下去，寧願做死也不要病死！」

這麼一句話，讓上人深受鼓勵。而企業家遺留的研究資金，也激發了我繼續投入研究的動力。

## 思考惡性腫瘤療法

我不斷在思索，為什麼有些病人總是好不了？尤其是惡性腦瘤。

在金融圈和經貿外交領域都叱吒風雲的中信金董事長辜濂松，他曾多次榮登富比世富豪榜，坐享取之不竭的資源，卻仍敵不過惡性腦瘤的侵擾，在八十歲那年病逝美國。

在一九六〇年代就取得英國利物浦大學（University of Liverpool）博士學位的教育部長林清江，一生致力於教育，轉個不停的腦袋最終被腦瘤阻止運轉。

陽明大學第一屆校長韓偉，原本在美國任教，卻在一九七一年決定回到臺灣訓練醫學生。他曾告訴學生：「從我接掌陽明以來，一直懷有一個心願——訓練一批年輕人，視服務為天職，願意到窮鄉僻壤去服務，做個史懷哲。」這一位欲培育「臺灣史懷哲」的醫學先驅，在他實踐夢想的路上被無情的腦瘤帶離軌道。

還有著名的美國總統約翰．甘迺迪的弟弟愛德華．甘迺迪。身為美國政壇傳奇家庭的一分子，他的三位兄弟皆死於政治鬥爭：大哥小約瑟夫．甘迺迪死於墜機，二哥約翰．甘迺迪在總統任內遇刺身亡，三哥羅伯．甘迺迪於競選總統時遭槍擊殞命；愛德華的命運好多了，即使曾遭遇空難與車禍，皆大難不死。任誰都沒想到，帶走甘迺迪兄弟最後一人的不是槍，而是腦瘤。

惡性腦瘤，這是一個相當可怕的疾病；這些名人從病情見報到離世，平均都不到四個月的時間。即使執行腦瘤清除手術，過了半年至一年，仍會再度復發，最終仍得臣服叩首，乖乖將性命交付到死神手中。

為什麼我們對惡性腦瘤無計可施？我想，該思考如何解決了。

# 第十九章　漫漫研究路

深夜十一點，我們正在開會。對象是美國食品藥物監督管理局；透過網路視訊，我們得知他們總共派出七名人員，我們這裡剛好也有七個人。

雖然在人數上勢均力敵，但這一場會議目前看來，我們屈居下風。

「你們研發的這個新藥物目前已經進行到動物實驗，實驗所選擇的動物是狗。」視訊傳來清楚的紙張翻動聲，某一位官員正在翻閱手上的書面檔案；過了一會兒，開口所說出來的話語卻是我們最不樂意聽見的，他說：「但是狗卻死了，這證明你們的藥物根本不安全。」

我們當然要據理力爭，馬上對此說明：「狗死掉是因為手術過程造成血管出血，術後照顧也是因為沒有加護病房、腦壓監測器；因此，我們判定這是因為術後照顧上的缺失所造成的死亡，並非是藥物本身所導致，我們保證這個藥物是非常安全的。」

面對我們的解釋，沒有一位官員認可我們的說法，他們絲毫不為所動，最後落下一句：「實驗動物死亡，代表安全已經產生疑慮。很抱歉，你們的申請我們無法通過。」

視訊在這個回答中畫下句點，再多的解釋也挽回不了他們的決定。我們這裡的七人個個神情緊繃、雙腿癱軟，腦中原本塞滿各種有利的答辯，如今都派不上用場。

我拖著疲憊的身軀回到宿舍，韓鴻志則搭著計程車返家，回到家已經清晨四點。望著滿天星斗，他的靈魂早已被抽空，只剩下胸口的起伏；被挖空的心裡想著：「腦瘤藥物的研究歷經十多年，投資超過十億，就這樣宣告失敗了嗎？」

## 尋找腦瘤研究經費

對於目前所使用的腦瘤藥物，我一直深感不滿。

剛從美國取得博士學位回來那年，我就跟胡幼圃抱怨這件事情。藥學系畢業的他在大學時期是我的隔壁班同學，對於製藥很在行，全心投入生技醫藥創新學理研究；他所研發的新公式以及新測定肝臟功能的方法，甚至收入國家廣泛使用的教科書中。

「現在治療惡行腦瘤的藥物效果太差了。」在他面前，我直言那個藥不好用，尤其是它所產生的副作用；「它不僅會殺死癌細胞，還會造成腦腫並毒殺腦神經。」

這個藥物之所以能夠得到對藥物使用相當嚴謹的美國食品藥物監督管理局認可通過，全都是因為腦瘤是一個最惡性的死亡疾病；因此，雖然安全性仍有疑慮，只要效益多於壞處，就能被審核通過。

「這樣的藥竟然還用了二十年！」我直視著胡幼圃的雙眼，堅定地說：「我認為我們應該要研究一個副作用比較少的藥。」

「好啊！我們來做！」胡幼圃極有興趣地同意我的想法。

我們就此打開腦瘤藥物的研究大門；但是，卻在不久之後就因為勢單力薄、沒有足夠經費而作罷。

直到韓鴻志入住我隔壁那間空下許久的研究室，惡性腦瘤新藥物研發才又開始重新啟動；當我跟他提起這項計畫時，他興致勃勃。

當時，世界衛生組織正好有一項嶄新的發現：抗瘧疾專家苦於瘧疾對西藥奎寧的抗藥性愈來愈強，極力找尋新法；後來，他們發現居住在瘧疾傳染區的居民使用了中草藥「青蒿素」，大大降低了死亡率；因此，專家們便致力於從中草藥青蒿素中提煉抗瘧疾藥物。

臺灣政府深受鼓舞，因此也鼓勵醫學界朝著中草藥找尋出新藥。

我跟韓鴻志有同樣的信念，也堅信彼此擁有相當的熱忱；我們盡可能不讓研究終止，不希望讓研究成為抱憾終身的往事。但是，現實逼迫著我們明白，資金絕對會成為研究戛然而止的絆腳石。

尋找願意投入研究的「天使基金」，成為我們研發藥物的首要任務。

有好長一段時間，我常在請人吃飯，席間述說著新藥研發的夢想與抱負；然而，往往吃完飯、付了錢，就再也沒有下文了。

儘管他們個個都是身家上億的大老闆、企業家，但是我能明白他們的難處。投資藥物研發堪稱世紀豪賭，不僅資金以億為單位，成功的機率也難以確認，很可能研究了十年、二十年，投入了十幾億，最後因為一夕失敗而蒸發；若是幸運成功，獲利則可以達到投資的百倍、千倍。不過，這是一場沒有人能夠保證的長期賭局。

直到有一天，我遇見一位中風病患的家屬，他登門求助，問我：「我媽媽九十幾歲了，前幾天突然中風。她年紀那麼大了，不知道醫學上有沒有辦法幫助她？」

他神情焦急地詢問，我也以多年來的經驗告訴他或許可行的方式。

大概是投緣吧！那天我們從中風談到幹細胞療法，然後聊到我跟韓鴻志正打算要進行的腦瘤新藥研究正在尋找投資者。

他想了想，憑藉著商人的直覺，坦白地告訴我：「新藥研發是一條漫長而且成功率相當低的不歸路。」

我以為，這又是一次失敗的勸說；然而，低迷的心情並沒有持續很久。

經過一個禮拜之後，我就接到他的電話。

「我跟你還有韓教授都是四年級的中段生，都經歷過臺灣經濟最蕭條的低潮期，同時也見證到臺灣經濟起飛、蓬勃發展的那一段輝煌，現在正是臺灣生技產業方興未艾之際。」我仔細聆聽他的這一番話，心裡則懷抱著帶有期待的不安；他接著說：「我不想缺席這場盛會，我願意獨力投資這項藥物研究。成功了，可以拯救許多人；失敗了，就當作是做功德吧！」

他就是長弘生技公司創辦人陳和錦。

## 由當歸萃取治腦癌成分

在陳和錦不間斷的資金支持之下，經過十多年的研究，我們可謂如「神農嘗百草」，才終於從眾多中草藥裡找尋到冀盼的光明希望——從中草藥的當歸裡醇化萃取出「Z型正丁烯基苯酞」，透過藥錠技術將它製作成緩釋型化學晶片，再放到腦瘤區；經實驗證明，藥物放置後短短三週就可以消除百分之六十四的腦腫瘤！

更可貴的是，中醫典籍將當歸列為無毒藥品；它不但能殺死腦瘤細胞，也不會損傷其他的腦細胞。此外，放一片的效果，勝過以往舊藥放十六片的效果；不僅沒有副作用，而且還能提高兩倍的存活時間！

對於實驗室裡的結果，我跟韓鴻志難耐興奮情緒；經過十多年的努力，歷經無數次的失敗，我們終於找到了新藥！於是，我們開始著手進入動物實驗。我們當時的實驗動物選定米格魯犬，犬隻來源在大陸北京；根據美國食品藥物監督管理局規定，手術必須交由獸醫師施作，我們只能從旁指導。

手術結果告訴我們，藥物是有效的；但是，礙於手術中的血管出血以及術後的照養不佳，有好幾隻狗後來都死亡了。

當我們跟美國食品藥物監督管理局官員申請許可通過時，他們就以這一點否定了我們十多年來的研究心血。

急促的心跳在我們的胸腔裡怦怦作響；這一切的付出與等候，就要在此畫下休止符了嗎？

韓鴻志幾乎失眠了一整晚。我回到宿舍後，試圖鼓勵自己從挫敗的漩渦中奮力游出；「一定要找出解決的辦法！」我在心中對自己大聲吶喊，同時也翻閱所有相關文獻。

我發現，國外曾有以猴子作為在腦中放置藥物實驗的案例；密密麻麻的黑色字體敘述著案例中的醫師選擇從頭頂施做，以避開容易受損的中大腦動脈，降低因動脈破損而導致的死亡率。

看到這一份文獻，令我精神大振！

我精神抖擻地跑到韓鴻志的辦公室，他卻是神情沮喪又憔悴；看見我像沒事人一樣，不禁調侃地說：「你真不愧是外科醫師。」

「怎麼說？」

「神經大條。你們在做動脈瘤手術時更要如此：如果動脈瘤夾壞了，就要讓血壓持續掉，沉住氣，然後最後一分鐘時在高倍顯微手術下重新把血管再夾一次；生死一瞬，只要夾不到病人就死掉。」他下了結語：「神經很大條，你們神經外科就是要具備這樣的特性，不能慌、專心解決問題。」

然後他不禁自我解嘲：「眼見十幾年來的研究就要停在這裡，雖然我也曾做過九年的急診部醫師，還是心慌，不像你那麼氣定神閒。」

聽見他「精闢」的比喻，我笑了笑，迫不及待地進入正題，告訴他：

「我找到解決的辦法了！」

等不及他回話，我便滔滔不絕地把昨天在腦中模擬的手術流程告訴他：

「我們原本執行手術的地方靠近中大腦動脈；由於緩釋型化學晶片太大，獸醫師只要施作不夠謹慎，就可能弄破血管或是阻塞血流。如果我們改成從頭頂施作，就不會碰到大動脈了。」

聽著、聽著，韓鴻志的眼裡的光芒越來越亮：「聽起來似乎可行。」

「何止可行！這次我們要做十六隻狗，而且我還要挑戰一隻狗都不能死！」

我立下豪願，並買了最近一班的飛機票飛往北京。在手術室內，我仔仔細細地將新式作法告訴獸醫師。

這一次，我們成功了！十六隻狗一隻也沒死，個個活蹦亂跳；數據也顯示，牠們的腦瘤被控制得很好。

二〇一六年八月起，我們陸續遞送新藥臨床試驗許可，也接連得到美國食品藥物監督管理局以及臺灣衛服部的審核許可，同意我們著手進行第一期的人體試驗。

歷經了十五年的時間，在腦力激盪中不斷地思考、嘗試、施作，我們不輕言放棄，才能往邁向成功的大道跨出第一步。當我們得知終於可以將新藥運用在人體試驗時，我們沒有舉杯歡慶，也沒有鳴炮喝采，反而異常冷靜。

我的研究夥伴韓鴻志既得意又疲憊地說：「現在，我只想好好地睡上一覺……」

# 第二十章 醫生救醫生

我看著他。他緊閉雙眼，靜靜地躺臥在手術檯上；沒有傷口、沒有扭曲，更沒有萎縮與潰爛，只是一身祥和，單純得像是一位在午休時光小憩的老人。

如果沒有那一紙診斷書提醒我，我差點兒就忘記他是一位中風的病人。

一個月前他來到我診間，動作困難、言語間滿是混淆不清；他太太劉美黛說，這是他第三次中風了，他忘了所有的人，「包括跟他結婚數十年的我。」

話語間彷若控訴；然而，劉美黛輕捧起丈夫臉龐的雙手卻是那麼溫柔，夫妻間的深情頓時盈滿這白色的小小空間。

一個月後，劉美黛在手術房外暫時鬆開她一直緊牽的那雙手，並慎重地託付到我手上。我問她：「妳緊張嗎？」

她的臉上漾起一道溫暖的笑容，盈盈雙眼看著我說：「怎麼會呢？我現在好開心！我安心地把他交給你了。」

她怎能如此安心？在臺灣，她的丈夫是唯一一位執行這項手術的患者，我也是第一次將這項技術運用在人類身上。我的檔案夾裡，沒有臨床成功的案例，只有動物實驗的數據支持著；是成是敗，都還是未知數。

面對人體試驗，他們將自己當成了白老鼠；而我，面對活生生的人類，沒有實驗出錯的權利。

深呼吸一口氣，我謹慎地劃下第一刀。

## 回到花蓮

日頭若浮海，先照到花蓮。

那年，要別離這道亮黃色的日出時，我跟證嚴上人說：「就當作我是出國留學吧！我去三年就回來。」沒想到，這一別之後，我卻失約了。

這一別，並未中斷我與上人的緣分。每次上人行腳至臺中時，我必然會將其他行程排開，清晨五點多便開車來到臺中慈濟分會，向恩師頂禮，並與他共進早餐。

「你要回來了嗎？」

每一回見面，這句話像是必要的問候句，從上人的唇齒間親切道出。而我總是笑著，不急著回答；因為我知道，我的回答，是會令老人家失望的。

「你要回來了嗎？」這一句話，上人總是不放棄地問，惦記、盼望並連續問了多年。當我再度回到花蓮慈濟醫院時，已經是二〇一六年了。

某一次見面，上人希望我可以擔任佛教慈濟醫療財團法人創新研發中心研發長一職；對於熱衷研究的我而言，當然是慨然允諾。

那天離別之前，上人叫住了我，說了句：「不管我說什麼，你都要答應喔！」

「好，當然，都聽上人的。」我連連應允，沒有一絲拒絕的念頭。

沒幾天之後，他請我過去，一開口便是：「現任花蓮慈濟醫院院長希望能請辭休息，我們缺一位院長；希望你除了接下研發長的職務之外，也能接下院長的位置。」他看著我，又補充了一句：「上次你承諾過我，不管我說什麼，你都要答應的。」

就這樣，我又回到花蓮慈濟醫院；只是，並非起初以為的研發長一職而已，還加上了院長的身分。

距我當年暫別慈濟已經九年過去了，花蓮慈濟醫院蓋了許多新大樓，就連院長辦公室也換了所在，院內多了許多我不認識的新醫師，其中仍舊有不少令人懷念的臉孔。即使行政業務變多了，在管理上著實耗費不少心力；然而，過往堅強團隊依舊留存，我不再從零開始，因此也給足了我莫大的空間，繼續投入研究的領域中。

回來的研究首發，即是進行以自體脂肪幹細胞施行腦部移植、藉此治療陳舊性腦中風患者。這項研究，主要是從患者身上抽取兩公克的自體脂肪，再進行幹細胞培養並添加新藥，濃縮成幹細胞製劑後注入受傷的腦組織當中，以促進神經再生。

這項療法在動物試驗上有著令人振奮的成效，不僅幫助中風的老鼠恢復神經細胞，也改善四肢的功能。在我們提交報告之後，順利通過審核，得以進行第一期人體試驗。

魏勝雄是我們第一位人體試驗的中風患者，已經中風三次了，一次又一次的打擊愈來愈猛烈，最後讓他不得不棄械投降地病癱在床上；不僅無法伸展四肢，言語模糊，甚至一度失去記憶。

在我的眼裡他或許是個病人；然而，在他的患者眼裡，他卻是一位恩人。

## 藏「私房錢」行善的中醫師

多年前，在魏勝雄還未被中風擊倒之前，在他位於彰化永靖的中醫診所內，時常上演著一幕幕溫馨的「默劇交談」。

剛為患者把完脈，魏勝雄對於治療方法已了然於胸，病人需要服用的藥方他也大致有了眉目。他將椅子轉了九十度，面對既是助手又兼任會計的太太，劉美黛心有靈犀地在他面前伸出攤開的手掌。

他時常牽起這隻手；然而，在診間他都只是在這支手掌心上寫字。魏勝雄在太太的掌心上，以手指頭寫下一個字——欠。

劉美黛則不動聲色地在自己的手掌心寫下英文字母「OK」二字。

當患者接受了治療並領了藥方準備繳付醫藥費時，劉美黛總是找得到理由拒收款項，諸如：「這一次沒做什麼，不需要收錢。」「這個健保有給付，不用錢。」

幫助窮困或是家庭陷入困頓的患者，這是他們夫妻鶼鰈情深的美好默契。

不過，魏勝雄並不是每件事情都會告訴太太；偶爾，他會趁劉美黛不注意的時候，偷偷藏起「私房錢」。

有一回，劉美黛在整理書架時，意外地在好幾本書內找到好些紙鈔，有百元鈔、千元鈔、褐紅色的五百元鈔票，加總起來為數不少。「人家說，書中自有黃金屋，這句話果然是真的。」劉美黛自我幽默了一番，才去找先生「談個清楚」。

「有人需要幫助時，我就會從這裡拿錢出來。」魏勝雄小心翼翼地強調：「這可是我的私房錢，我存這些錢從來不影響家用的。」

當藥價飛漲時，劉美黛也曾問先生：「現在藥價都漲了，我們的收費也該漲了，不然都快要虧錢了。」

聽到要向病人漲價的提議，魏勝雄總是想也沒想就回絕：「不要漲價啦！我們又不缺錢用。」

劉美黛聽了，也順著先生的意；這本是預料中的事情，她非但沒有動氣，反而更添了幾分對枕邊人的尊敬。魏勝雄的視病如親，她何嘗不明白？先生的童年，或許她來不及參與，但多年來的深夜談心，先生曾告訴她，自己從小體弱家貧，因此從小就立定要當醫生的志願；「當了醫生，我就可以幫助跟我小時候一樣貧窮的人，讓他們能有錢看醫生；不必像我當年那樣，因為沒錢看病，得忍受病痛的日夜折磨。」

只可惜，魏勝雄在高中畢業之後就無力再繼續升學；受困於人生的限制，只好先去當兵。當完兵之後，先是找了一份診所助理的職缺，跟著醫生學些藥理；慢慢地，他懂得一些藥理，也成了家。看著孩子逐漸成長，他決心完成自己曾經胸懷的大志。

三十幾歲那年，他買來幾本書，報名補習班，決定考中醫！

「他那幾本書翻到書皮都破了；還是我公公拿來幾張紙，用漂亮的書法幫他寫了書名，再重新包上去。」劉美黛想起那段支持著先生苦讀的日子，眼底盡是幸福的笑意；「他補習回來，我就幫他複習；我念頭，讓他接尾。」

真正當上中醫師是他即將邁入四十歲那年；他開了屬於自己的一間小診所，替病人看診，也看心。

「他幫很多沒錢看醫生的病人；一半的人我知道，卻還有大半的事情，我是在他中風倒下之後才發現的。」劉美黛記得，在先生第三次中風倒下、診所徹底拉下鐵門之後，有位診所的老病患，特地拿來一箱價格不菲的韓國蜜梨。

「哎呀，妳怎麼那麼破費？這樣我們擔待不起、擔待不起。」劉美黛一看到那箱蜜梨，想也沒想就往外推。

「魏太太，妳就收下來吧！這是我遲來的感謝。」婦人拉著劉美黛，眼眶裡不知何時已經溢滿了淚水，述說起多年前的記憶：「我孩子還很小的時候，接連發燒了好幾天都不退；當時我沒錢去看醫生，覺得這樣也不是辦法，就帶著孩子來找魏醫師。」

當時魏勝雄評估，孩子的狀況正危急，中醫能幫的忙有限，於是要她趕緊帶孩子到鄰近的小兒科診所掛號。

「可是……我沒有錢去看醫生。」婦人一臉無助，撲簌而出的淚水滿是對自己無能為力的懊悔。

等她擦乾眼淚再次抬頭，魏勝雄早已拿出兩千元往她的手裡塞，並輕推抱著孩子的她往門口去；「快去看醫生，不然就來不及了。」

「很久以後，我才有辦法籌到兩千元還給魏醫師。」婦人從回憶中回過神來，握著劉美黛的手更緊了些；「魏醫師不肯收，他說他用不到那兩千塊，我比較需要。現在我能回報他的，只有這微不足道的關心而已。」

## 接受創新手術的第一人

我在魏勝雄的肚臍旁取了些脂肪，並送到幹細胞公司進行幹細胞培養並添加新藥。眼下，我手中拿著濃縮的幹細胞製劑，要注入魏勝雄受傷的腦組織中，期待它促進腦神經再生，讓他近乎癱瘓的身體得以恢復些許功能。

在進手術室之前，劉美黛將他慎重地託付給我。或許是想給我一些信心，也或許是出自於他們不想帶給我壓力的貼心，劉美黛告訴我：「我先生說，他被當作是試驗品也沒關係。其實，我們兩個人早就簽下了大體捐贈同意書，離開人世後也能成為醫學生的練習對象，現在只是提早而已。」

我衷心盼望這次手術順利成功；不只是為了證實這項新研究的方向是正確的，更期待魏勝雄還能再如從前那般，幫助更多病患。這次的人體試驗名額有三位，他僅是其一；雖然眼下我只能幫助他一個人，如果在他身上發揮預期中的效果，或許就得以幫助更多人！

我原本估計，依魏勝雄的病情以及神經一天僅能成長零點一公分的速度，他大約要三個月至半年左右才有力氣可以抬腿下床。可是，僅過了三週，劉美黛就傳來一支影片，大大振奮了我們整個研究團隊——魏勝雄躺在床上，一條腿強而有力地抬高至九十度！不僅如此，他也有力氣翻身起床，甚至還能拄著拐杖，慢慢地走路了呢！

當他來回診的時候，我大讚他的術後恢復超乎我們的預期。閒聊之中，我得知他過往對病人的付出後，不禁詢問也身為慈濟人的他：「師兄，你有捐榮董嗎？」

「榮董」的全名為「慈濟榮譽董事」，是當年上人為了感恩協助建設醫院的善心人士設立的，只要捐款滿一百萬元，就頒發慈濟榮譽董事聘書。很多人以為，慈濟榮董大多是有錢人；其實，很多榮董只是一般老百姓，他們努力存錢，甚至以「分期付款」的方式捐款，只為濟助更多需要幫助的人。

經我一問，魏勝雄與劉美黛同時答覆了我。

魏勝雄說：「有！」

劉美黛卻說：「沒有。」

在我還沒理個明白之前，就聽劉美黛急著要魏勝雄改口：「你是腦子還不清楚嗎？沒有的事情千萬不能說有，不可以『膨風』啦！」

魏勝雄雖然恢復得不錯，但是動作還不像正常人一般靈敏；只見他笨手笨腳地揮著手，急著解釋：「真的有！我瞞著妳分好幾年把存下的私房錢湊成的。那張榮董證被我藏著，我回家找給妳看。」

「這是天大的好事，為什麼瞞著我？你這一病，倒是讓我知道了很多事情。究竟還有什麼事情是我不知道的？」

病房內，劉美黛「逼問」著魏勝雄；我早已悄悄走出病房，笑得開懷。

# 第五部

我不容許任何宗教、國籍、種族、政見或地位的考量介於我的職責和病人之間。

——《日內瓦宣言》第八條

# 第二十一章　邁向國際醫療

「這對連體女嬰各自有一套獨立器官，手術關鍵在於相連結的肝臟部分。」在會議室中，小兒外科主任彭海祁指著斷層掃描影像，神情嚴肅地報告著。根據他的判斷，這兩個女嬰的肝臟各占百分之四十與六十，「不過這並不影響他們切割之後的存活率；她們還小，日後肝臟會自然生長完成。」

最令彭海祁頭痛的是，女嬰的相連皮膚只有兩百四十平方公分；「如果直接切割會形成很大的空洞，那將會非常危險。」

包含一般外科、小兒內外科、整形外科、麻醉科、放射科、護理部以及人文關懷組，臺下所有的分割醫療團隊成員開始提出自己的專業見解，大家討論、分析，最終整理出一套最好的方式。

我們預計於手術兩個月前在女嬰的腹部置入組織擴張器，再逐漸輸入生理食鹽水，將相連的距離拉開；如此一來，就能培養足夠的皮膚來覆蓋切割後的空腔。

為了這花蓮慈濟醫院第一例的連體嬰分割手術，醫院額外添購多項檢驗儀器以及手術設備，絕不容許有任何閃失。

會議後，帶領這次分割手術的副院長、同時也是一般外科主治醫師的張耀仁都不禁說：「這場手術之浩大、任務之艱鉅，著實是一場嚴苛的挑戰。」

我知道這是一項挑戰，是成是敗更是不能輕易斷言；然而，我一步出會議室，就召集新聞聯絡小組：「撰寫新聞稿，並在第一時間將新聞發布出去，告訴社會大眾，我們將進行花蓮慈濟醫院創院以來第一例的連體嬰分割手術。」

「院長，這樣好嗎？手術都還沒進行，也不知道是不是會成功、中間是否會出差錯；如果有個萬一，豈不是自毀清譽？」公傳室同仁有些擔心。

我笑著拍拍他的肩說：「病人來了，就是挑戰；提前發布新聞稿確實是給我們自己的壓力，所以我們絕對要成功！」

## 來自菲律賓的連體嬰

再度坐在花蓮慈濟醫院院長室的辦公椅上，思緒幾度翻轉。離開慈院這九年間，我在素有「臺灣經營專家」之稱的臺中中國醫大學習到了所謂的「西方經濟學」；再度回到慈濟醫院，這裡的文化則是截然不同的「慈悲經濟學」。

中國醫大憑藉著西方經濟學拓寬自家的醫療網絡；而慈濟的慈悲經濟學，則是將醫療帶往了國際。

遙想二〇〇八年，我將離開花蓮慈濟醫院之際，一位甫自北部醫學中心退休的醫界大老，他認為我離開慈濟醫院實在可惜，語重心長地告訴我：「臺灣可以真正做到國際化，而且可以救世的醫院，不是臺大醫院，也不是其他各大醫學中心，是慈濟醫院。」

即使當時已經收拾好行囊即將遠去，我仍在心中深感認同；因為，在這一次擔任院長的任內，我們團隊就為許多國際醫療個案執行了一個個幾乎是不可能達成的艱難任務。

第一例發生在二〇〇三年，我們替一對來自菲律賓的連體嬰執行分割手術。

這對連體嬰出生於二〇〇二年七月一日；在呱呱墜地的當下，身旁原本理應響起家人激動的歡笑聲；然而，等著她們的卻是凝結無語的空氣、以及被緊鎖在喉頭的祝福。大家看著她們，心裡想著的是同一句話：「她們該如何是好？」

被命名為莉亞與瑞秋的這對姊妹，腹部是相連的。菲律賓兒童醫學中心判斷，若要施行分割手術，至少要八十萬新臺幣，而且不敢保證成功。

「我們怎麼可能有錢？」女嬰的母親瑪莉塔難過地對朋友訴苦，自己與丈夫在卡林佳省鄉下靠耕種為生，日薪僅約臺幣三十五元；「難道我們就要看著這兩個女孩從此黏在一起度日嗎？」

菲律賓兒童醫學中心好心地為她們舉辦募款活動，但是進展相當緩慢；隨著孩子愈來愈大，分割手術的成功希望也日趨渺茫。

某天，菲律賓慈濟志工李偉嵩陪伴一位罹患水腦症的孩子到菲律賓兒童醫學中心，正巧與前來回診的莉亞與瑞秋相遇。初步了解狀況之後，李偉嵩便與院方討論：「我們在臺灣有醫院，醫療技術相信也很值得信賴；醫療費的部分，我也可以提出補助申請。為了掌握分割的黃金時間，是不是可以由我們慈濟基金會接手評估呢？」

菲律賓兒童醫學中心當然是二話不說地欣然接受。

但是，當李偉嵩再度回過頭來要找尋這對姊妹時，她們早已結束看診並離開醫院了。於是他留下電話，請醫院人員轉交給女嬰的母親瑪莉塔：「請幫我們轉告她，如果有困難，請跟我們聯絡。」

雖然留了話，李偉嵩卻沒有守著電話癡癡守候。他先聯繫花蓮慈濟醫院的我們，請我們評估是否能替這對姊妹執行手術。

來自菲律賓的請託，我們刻不容緩，我們告訴李偉嵩：「為了確認實際狀況，我們親自跑一趟菲律賓替她們診斷，這樣比較安心。」於是，小兒外科主任彭海祁、影像診療部主任李超群立刻買了前往菲律賓的飛機票，準備為連體嬰進行相關檢查。

這時候，瑪莉塔還沒打電話給李偉嵩；李偉嵩聽到我們的回覆之後，迫不及待地向醫院要了瑪莉塔的電話，並打電話給她。在自我介紹之後，告訴她：「可以請你們到馬尼拉一趟嗎？有臺灣的醫師要為孩子診療，或許他們能有機會到臺灣進行切割手術！」他更補充：「所有的費用你們都不必擔心，我們來想辦法。」

## 分割手術順利

彭海祁與李超群這一趟去菲律賓，我記得只過了一段極為短暫的時日，就收到他們傳回來的訊息：「經過檢查，我們認為成功率很大！」

「好！我們即刻組成醫療團隊，迎接他們來臺。」這麼大的手術，絕非一個科別可以承擔；於是我開始籌組團隊，包括一般外科、小兒內外科、整形外科、麻醉科、放射科、護理部以及人文關懷組，在她們確定來臺的前兩個月，一切都已經準備就緒。

二〇〇三年四月，瑪莉塔在菲律賓慈濟志工的陪同之下，帶著一對黏在一起的女兒飛抵臺灣，十七日來到花蓮慈濟醫院。

根據她們的狀況，我們早已模擬千百次，開了數不清的跨科部會議，甚至還緊急添置並未在年度預算之內的檢驗儀器與手術器材。依照我們所討論的，我們先在女嬰的腹部置入組織擴張器，再逐日輸入生理食鹽水，果真順利地將相連的距離拉開，培養了足夠的皮膚來覆蓋切割後的空腔。

兩個月後的六月二十八日，瑪莉塔目送女兒們被送入手術房時，淚水不斷地從他的臉上滑落、沾溼了衣領。我明白她的擔憂；在術前，我們就很坦白地告訴她，手術的成功率並非是美好的百分之百，而是憂喜參雜的百分之七十；「我們絕對會盡力而為！」我這樣向她保證。

上午十點，團隊為在女嬰們牛奶般的肌膚劃下第一刀。依據先前多次模擬手術規畫的進度，我們先切開腹腔，取出先前置放的組織擴張器；接著再深入肝臟部位，循著腹膜交界線分割。

下午三點五十分，瑞秋先被推出手術房，守候在外的媒體和志工們不禁報以熱烈掌聲；我心裡安慰地想，這或許就是瑞秋遲來的出生掌聲吧！三十分鐘後，莉亞也被送出手術室，同樣獲得歡呼，而我們也宣告手術完成。

她們張著雙手向上抓握，渴望捕捉光線中的灰塵，可愛的模樣令大家不禁莞爾。面對面側躺將近一年，日後她們總算能像一般人一樣地平躺了。

「兩天後就是她們的週歲生日，這是你們給她們最棒的生日禮物了。」即使手術成功，瑪莉塔說著話的臉上仍掛滿止不住的淚水，卻沒有人替她擦拭；因為，這是歡喜與感動的暖流。

## 「慈愛」與「慈恩」

瑞秋與莉亞還不能馬上回菲律賓，他們必須留院觀察並復健兩個月，待我們評估一切無恙之後，才能放心讓她們回國。

這期間，照顧兩個小女孩的除了瑪莉塔之外，還有菲律賓以及臺灣的慈濟志工，就連精舍的常住師父也時常來醫院探望她們，甚至還替她們取了小名：「莉亞就叫『慈愛』，瑞秋就喚她『慈恩』吧！」

瑪莉塔覺得有趣，好奇地問：「這兩個名字有特殊的意涵嗎？」

「這兩個名字代表著『大愛』與『感恩』。」師父解釋說。

出院前，瑪莉塔帶著兩個小女孩到精舍感恩上人與慈濟志工這份跨國界的大愛。上人不僅祝福雙胞胎健康平安長大，並殷殷囑咐前來接應的菲律賓志工：「你們回去之後，一定要做好『愛的接力』，兩個寶寶回國後的醫療復健，以及他們一家的生活、就業問題，都要妥善安置。」

「師父請安心。」

輕輕一語，志工們重重地放進心裡，並馬上聯繫菲律賓當地願意接手後續復健醫療照護責任的醫院；當時，菲律賓的崇仁醫院慨然允諾。小兒科主任陳卿卿說：「在臺灣，慈濟醫院把兩位寶寶照顧得很好，我們崇仁醫院也不能漏氣，一定要盡全力照顧，好讓她們早日健康出院。」

有這一句話，我們醫療團隊總下能真正安心，在八月的酷暑熱浪中將她們送回菲律賓。

慈愛與慈恩的手術完成了！過程中，我看見了醫院團隊的勇於承擔，感受著國際醫療帶來難以言喻的感動。雖然我們膚色不同、語言也不同，但是瑪莉塔看著我們的眼神，一如平日我們所見的病人，總是如此毫無保留地信任。

慈愛與慈恩的跨國醫療接力將延續下去；我們也在此同時，正式開啟了國際醫療的大門。

# 第二十二章　遇見蘇霏安

一九八七年七月六日，是沙努西與太太諾絲妮拉結婚的日子。婚後一年，他們遲遲沒有生下小孩；親朋好友在催促，身為當事人的他們更是萬般著急。

前往大醫院就診之後，醫生發現太太子宮內似乎長了東西；眼見他們神情緊張，醫生勸慰著說：「沒關係，也不算大問題，只要持續治療就可以康復。」

往返醫院二十幾次之後，太太懷孕了；不過，迎接新生兒的喜悅還未滿三個月，尚未成型的胚胎就悄悄地混著血水離開了。直到一年又六個月後，才又在安胎藥與安胎針中，勉強生下他們第一個孩子。沙努西輾轉數夜，決定為他取名為蘇霏安。

蘇霏安在成長的過程中比一般孩子更加體弱多病，時常一發燒就兩眼上翻、全身抽搐，流鼻血似乎也成了常態。直到八歲時，蘇霏安問父母：「為什麼我看東西總是很模糊？」

到大醫院檢查，醫生看了X光片，緊皺眉頭：「或許現在外觀還看不出來，可是你們看。」他手拿著筆，指著X光片上蘇霏安的右上邊臉，「這裡有一顆腫瘤。」

他們趕緊賣掉在雅加達的房子，籌錢替兒子動手術。手術那天，漫長的幾個鐘頭過去了，兒子臉上包著層層紗布，還滲著鮮血地從手術室中被推了出來，沙努西焦急地問醫生：「腫瘤都清除乾淨了嗎？」

剛執行了一場大手術，醫生難掩疲憊，但仍耐心回答：「你放心，都清得很乾淨了。」

但是，蘇霏安仍然時常流鼻血，呼吸也不是很順暢。隨著一天天的過去，他的右臉頰逐漸突起、變形；可是，這一回，沙努西沒有錢了。信仰上帝的他只得安慰自己接受：「或許上帝還沒決定要把孩子的病治好吧……」

## 化濁河為清流

「院長，印尼紅溪河已經整頓好了，我們決定籌組賑災團，並邀請醫護前往當地替當地居民義診，你想去嗎？」負責安排國際賑災的精舍師父詢問我，我毫不猶豫就答應了。這是我第二次參加慈濟所舉辦的義診，也是我人生中第二場義診。

第一次，也是去印尼，慈濟基金會當時正剛開始投入印尼紅溪河整頓，我隨隊前去為當地居民義診。當年，這條位於雅加達的河流骯髒惡臭，有著「雅加達的黑色心臟」之稱。這條河流見證著一段接一段的歷史，沿著河岸的是無數的戰爭、人生以及死亡，隨著歷史洪河；如今，漂浮在紅溪河上的不是令人畏懼的屍體，而是溢滿飄流的惡臭垃圾。

二〇〇二年一月下旬，一場大雨所引來的洪水災難吸引慈濟志工到訪；除了賑災、義診，他們更決心挑起清河運動！

我一邊替病人看診，一邊為紅溪河所傳來的難聞氣味困擾著，心想：「這布滿工業汙水、家庭汙水以及垃圾的河流，真的有辦法清理嗎？」

兩年後我再去，親眼見證到志工的力量有多麼可觀、可佩。乾季的熾熱豔陽照耀著河流表面，波光粼粼上不再有著汙水泡沫與垃圾；這一條連印尼政府都束手無策的惡臭汁液，竟然清澈到看得見魚兒優游。

我見證了一場令人驚歎的奇蹟，為河面上一片廣闊的清爽陶然不已；然而，在那裡，我仍得奮力工作。

## 兩頂帽子下的面容

賑災義診沒有第二組人可以替換，必須隨時上陣。當地住民普遍貧窮，許多人沒錢看醫生；一見我們來，人潮蜂擁而入。由教室布置成的臨時診間外，黑壓壓的一片人頭，安安靜靜地遵守秩序、耐心等候著。

「院長，這個孩子想請你幫他看看。」說話的人是慈濟志工楊碧露，我們都暱稱她為Lulu師姐。

我抬起頭望向她，再看看她手裡牽著的那個孩子；孩子的頭上戴著帽子，我看不見他長什麼模樣。只見Lulu師姐輕聲在他的耳邊說了些話，那雙屬於十四歲的纖細手臂緩緩的移到頭上，拿下一頂帽子後，又拿下了另外一頂帽子。看到兩頂帽子下的真面目，即使已經見過許多血淋淋的畫面，我仍不由得在心裡震顫了一下；這孩子的右半邊臉突出，一顆眼睛被擠壓得像是一只突出的牛眼，彷彿隨時都可能掉出來！

站在孩子身邊那位矮小的女人，應該就是她的母親了吧！透過翻譯，諾絲妮拉告訴我孩子叫做蘇霏安：「孩子的臉長了腫瘤，不僅已經影響視力，腫瘤還壓迫到鼻腔，他常常難以呼吸，甚至流鼻血。」聽得出來她盡量讓自己的聲線保持平穩；然而，字句間的悲傷與絕望卻滲透在現場的空氣中。

她邊說著、邊遞給我一份信封，裡頭放著X光片，我慎重地接過來並取出仔細分析。

「他的狀況很嚴重，在這裡我無法替他診治。」在諾絲妮拉還沒來得及承受我這句話所帶來的絕望時，我同時對著她以及Lulu師姐說：「如果可以的話，請安排來一趟臺灣的花蓮慈濟醫院，我們在那裡有非常棒的醫療團隊可以幫助蘇霏安。」

我眨眨眼，試圖用這個動作為不能以話語交流的彼此增加一些信心；當下，我也懷著不疑有他的自信，認為印尼的慈濟志工會幫助他。果不其然，兩個月後，我在花蓮見到了蘇霏安，以及陪同他前來的父親沙努西。

## 醫療團隊詳細檢查

我的一句話，讓他們離開了熟悉的國土，航向不確定的未來。來到慈濟醫院，蘇霏安仍舊戴著兩頂帽子，而沙努西則是一臉泫然欲泣的模樣。

「是不是很緊張？很害怕？」有人這麼問他。

沙努西搖搖頭，克制著眼眶裡滿滿的淚水說：「我很高興、很感動！在這裡我不會感到悲傷和難過，因為這裡將可以治好我孩子的病。」

我們帶他們來到早已安排妥當的病房。這裡的布置很不一樣，白牆上盡是被用心裝置的氣球、吊飾與繽紛奪目的彩帶，牆上則貼著「Welcome Sofyan」歡迎著蘇霏安的到來；護理長陳美惠甚至還貼心地將日常用語翻譯成印尼文貼在牆上，以利醫護同仁能與蘇霏安溝通。

在場的人，包含蘇霏安與父親都心知肚明，他們這一趟來，面對的是一場長期的抗戰。

護理同仁好奇地問蘇霏安：「為什麼你要戴兩頂帽子呢？」

「我出門的時候，總會有一群孩子在後頭大聲嘲笑我。」他怯生生地說。

這句話聽得大家的心不禁揪緊，紛紛安慰他：「你放心，在這裡不會有人嘲笑你。」

護理人員展現了他們的貼心。另一方面，我們也籌組了一支堅強的醫療團隊，包含神經外科、耳鼻喉科、頭頸部腫瘤團隊、一般外科、整形外科、眼科、口腔外科、影像醫學部、病理科以及護理人員，在蘇霏安抵達的第二天，立即為他展開一連串檢查。

我們告訴沙努西，經過檢驗確認蘇霏安的腫瘤是「纖維性再生不良」。這個詞讓他困惑了；「什麼是……」這個複雜又少見的病名，令他連正確複誦的能力也沒有。

「這是良性的腫瘤，是由許多塊骨頭所產生的異常囊泡變性，所以會造成骨頭裡有增生不良的現象。」耳鼻喉科的陳培榕主任試圖以較為簡單的語言向他解釋：「這不是罕見疾病，可是蘇霏安的腫瘤太深入腦部，又壓迫到視神經，這個狀況非常少見；如果再不治療，一年內他將有失明的危險。」

沙努西安靜地仔細聆聽，雙眼迷濛得令我們起疑；在眼科醫師的職業病驅使下，我們不由得將話題轉移，將連日來的心底想法告訴他：「沙努西，我們認為你罹患了白內障，是否先讓我們為你做白內障手術呢？治療好之後，你才可以好好地照顧蘇霏安。」

在他們抵達的第五天，我們替沙努西執行白內障手術。手術後，他的眼睛包裹著紗布，蘇霏安輕輕靠了過去，拉起父親的雙手搭在自己的肩膀上，緩步帶著他行走。

父子倆相依為命的背影，曾經述說著他們無力醫療的無奈；如今，卻流淌著濃得化不開的期待。

## 與時間對抗的手術

他們來到臺灣的第十天，蘇霏安必須進手術室一會兒；這項切片手術很快就結束，而切片將能協助我們進一步判斷腫瘤。

一早蘇霏安就要禁食了，我來到病房探視他，並問：「下午就要動小手術了，會不會害怕？」

手上吊著點滴，蘇霏安神情一派輕鬆地說：「我不怕。」說完，甚至還跟著房內播放的印尼歌曲輕輕哼唱起來。

沙努西在一旁笑說，他也不害怕，很相信我們。可是，當我們拿手術同意書給他簽時，他竟然一度忘記印尼住家的地址。

這是情有可原的擔憂，即使他們努力說服自己這並沒有什麼。對於要動手術，蘇霏安滿心期待，時常問：「我什麼時候要動手術？手術後我的臉看起來是不是就不會這樣了？」

沙努西說，每當蘇霏安問一次，他就會將這些話語化為能量放進心裡；兒子急欲擺脫現狀的心情，讓他與自己立下誓約：「不管醫師做什麼決定，我都會馬上簽名同意！」

切片手術過後兩天，我們舉行了一場術前會議；他的手術相當艱困，我們決定由神經外科、耳鼻喉科、整形外科以及麻醉科等數十名醫師接力為他開刀。

蘇霏安的手術連上人都很關切，手術當天也來到了現場。這是一場極為困難的顱底手術，過程頗為複雜；我一面將精神放在顯微鏡下所操作的刀，一面講解目前的步驟。不一會兒，耳邊卻傳來上人的聲音：「你不用講給我聽，專心開你的刀就好。」

我不禁笑了，好想告訴上人，這是我平常的教學習慣；唯有如此，身邊的醫護才會知道我在做什麼。但是，我沒有解釋的時間，這是一場必須與時間對抗的手術。

# 第二十三章　蘇霏安成家了！

鼻液一直流出來，阻礙了蘇霏安的呼吸。我們在深思熟慮之下，決定為他執行氣切手術。

一向顯得相當堅強的蘇霏安，這一回卻哭鬧得如同他眼下的年紀，他拒絕氣切。反而是一向擔憂的沙努西拿起隨身的小鏡子讓兒子看看術後的臉：「你的腫瘤不見了，臉型也變好看了，現在就快要達成願望了，我們應該要聽醫生的話。」

沙努西毫不猶豫地簽下手術同意書。我們為蘇霏安做了氣切，並再度將他送進了加護病房。然而，他在這裡的日子卻出乎我們意料之外地長；不僅執行一個顱內出血的緊急手術、裝了管子引流鼻血，狀況不斷的他，小小身軀上被插滿了管子。

沙努西對於我們的任何醫療決定，一律二話不說地迅速同意；我們知道，在他擔憂面容下的樂觀，其實早已跟他兒子的生命一樣脆弱。

他在隨身的小本子中寫下：「心痛。我的心很痛，看兒子在加護病房裡，實在可憐。請上帝幫助我的兒子，讓他好起來。我跟兒子的苦已經夠了，我求祢寬恕，停止這場無止境的痛苦。我的錯是什麼？我的罪又是什麼？我必須永遠這樣嗎？我該往哪一個方向去呢？上帝，請給我指引，讓我能再度快樂起來。」

## 想給媽媽大驚喜！

蘇霏安在來臺後不久，曾經在自己的小手札內寫著：「雖然我總是告訴大家我不害怕；但是，我的心裡其實一直在哭泣。我希望我的眼睛可以看到漂亮的世界；還有我的臉，不要再有很大、很凸出的東西。它留在我臉上的這段時間，我很有耐心，也去接受它；現在它即將要去很遠的地方了，我祈求它不要回來，不要再留在我臉上。不久之後，我的這個希望將可以實現。」

衷心的期盼，在蘇霏安的腦中畫出了一幅美麗的景象：鏡子裡的他將不再可怕，他也不用再戴著兩頂帽子上街。在手術過後，這一切就不再只是偶爾入夢的景象，他就要美夢成真。

第一次手術幾乎進行了一天一夜。手術當天，早上七點三十分關起手術室的大門。在各科醫生的接力之下，我們割除腫瘤，腫瘤內布滿了細微的血管以及靜脈竇。麻醉團隊一刻也不能大意，他們在兩側的股動脈放置導管，並監視心臟功能；如果有必要，得即刻輸血。之後我們又施行視神經減壓，期待能搶救他的雙眼視力；最後才交由整形外科執行顱顏塑型。

失血量兩千五百公克，輸血兩千公克，一切都在掌控中。第二天凌晨四點三十分，天空的黑已經不再濃厚，藍紫色的光正欲從中穿透；在整整二十一個小時後，手術室的大門終於開啟。

「腫瘤清得很乾淨，不過日後仍得嚴謹觀察，大約有百分之二十的復發率。」我們一走出手術室，蘇霏安的父親焦急又憔悴地迎上前來；才幾個禮拜，他就瘦了一圈。我們告訴他未來可能會發生的復發機率，但是仍難掩興奮地鼓勵他：「不過，蘇霏安的願望終於實現了。」

那是一張完整的臉，沒有凸起、沒有被撐開的眼睛，是一張久違的年輕男孩的臉。麻醉退去之後，蘇霏安順利在預定的時間內醒過來；這時的他，聽得到，也看得到。

然而，人體機制如此複雜，命運也是難以逆料；我們發現他開始流出鼻液，甚至逐漸影響呼吸。

後續是一連串的災難。我們為蘇霏安做氣切、裝置引流管；他也曾在半夜裡突然顱內出血，邱琮朗馬上趕來，在凌晨三點緊急為他執行手術，足足四個鐘頭後才將蘇霏安再度送回加護病房。

在我們的嚴密監控之下，他一度恢復狀況良好並回到了普通病房，身上不再插滿管子。每當巡房經過他房門外時，我總能聽見他與父親的笑聲從房裡傳來；頭上和臉上的疤慢慢消退，因為開刀而剃掉的頭髮也日漸茂密。

經過了兩個月，大家都以為，送他回印尼的那天或許就快來到。

蘇霏安自己也這麼認為。有一天，他對沙努西說：「爸爸，你有跟媽媽說我們在這裡所發生的事嗎？」

「我忙到都忘了，還沒說。」

「那你先不要說！不要說我手術成功的事情，也不要說你眼睛已經被治好的事情。」蘇霏安已經恢復了調皮的力氣，雙眼閃爍著淘氣的光芒，「我們要回去給她一個大驚喜！」

## 再度手術

我正在護理站檢視著蘇霏安最新的電腦斷層掃描結果。

為什麼？

從醫以來，我似乎時常在呢喃著這三個字。

前些日子，蘇霏安的前額陸續冒出了幾個小膿包，數量愈來愈多，他告訴我：「這個凸凸的，會痛。」

即使內心隱隱不安，我仍要自己揚起一個令人安心的笑容，安慰他：「沒事，我們照一下看看就知道了。」

電腦斷層掃描出來的結果告訴我，這極有可能是腫瘤摘除手術時，感染源從頭蓋骨被切開的位置侵入了前額與鼻腔。當沙努西聽到我所告知的訊息之後，臉上的笑容凍結了，但我仍得告訴他日後可能的處置方式：「感染如果再繼續擴散，恐怕得再安排手術把蘇霏安的頭蓋骨拿掉；等感染消除之後，再置換人工的頭蓋骨。」

深愛著孩子的沙努西，點了點頭。讓我很欣慰的是，這幾個月來，他還無保留地信任著我們。

我也在心底誠摯地祈求，期盼這是蘇霏安最後一次的手術了。所幸，蘇霏安與沙努西所堅信的上帝聽見了我們的祈願。

七月二十一日，在精舍師父、護理同仁以及志工的陪伴下，蘇霏安在醫院度過了一個令他難忘的十五歲生日。又過了足足兩個月後，我親自為他拆最後一次線。

我拿著手電筒測試他的視力，他原本被腫瘤擠得凸出來的右眼眨闔自如，卻始終看不見影像。我問他：「看得見光嗎？」

「可以。」

「那表示視神經還沒有完全壞死。」我稍感輕鬆地告訴他們父子倆：「如果有適合的眼角膜，還是有機會可以挽救蘇霏安的視力。蘇霏安，如果現在就有眼角膜的話，你願意留下來再動一次手術嗎？」

我忘不了，這孩子歷經五個多月來，從對手術的期待，到後來每次聽到要進開刀房就害怕、哭泣的模樣。

不過，蘇霏安這時雀躍地告訴我：「我願意！」我真是佩服他的勇敢！很可惜，在他離臺之前，沒有出現適合的眼角膜。然而，只要保持樂觀的信心，我們相信終有那麼一天，他能夠獲得曾經失去的一切。

蘇霏安出院那天，我望著他胖了十公斤的身影、以及完整又清秀的臉龐，像是在看著自己的孩子，我在內心感謝上天幫忙：「感恩！讓蘇霏安在眾人的努力之下恢復健康，一關一關地熬了過來。」

還記得我在印尼第一次見到他的那一幕、還記得來到臺灣這幾個月那些大大小小的手術；如今，他即將健康離別，我不禁紅了眼眶，喃喃自語地說：「捨不得啊……」

## 當年的孩子已結婚生子

返鄉前一晚，沙努西帶著蘇霏安來到靜思精舍與上人道別，上人鼓勵他：「你已經康復了，要將這份感恩的心帶回國，好好念書，將來做一個能幫助別人的人。」

蘇霏安羞澀地點點頭。

聽說，蘇霏安回國後做的第一件事情，就是把他的兩頂帽子從頭上拿下來，並大方地送給弟弟。

慈濟志工開著車送蘇霏安回到井里汶的家；當車子要進入村莊小路時，一個村民看見車上的陌生臉孔，不禁好奇地問車內的慈濟志工：「你們是誰？從哪裡來的？」

志工笑著告訴他：「我們不是壞人，我們是送蘇霏安回家的。」

村民一聽，趕緊從小路跑回村子裡頭，將這個訊息傳遞給他所看到的每一個人；因此，當蘇霏安抵達家門口時，他的家早就被村民團團圍住了。他一下車，立刻引來驚呼：「天啊！那是蘇霏安？他的臉完全不一樣了！他真的好了！」

甚至還有村民對著蘇霏安喊：「去了一趟國外，你現在看起來又白又胖！」

蘇霏安笑得合不攏嘴，驕傲地回答對方正確的體重數字：「我足足胖了十公斤呢！」

對比蘇霏安的健康，沙努西反而消瘦五公斤；然而，滿身的疲憊也不會稍減他愉悅的心情，他笑得比現場任何一個人都還要開心。

二〇〇八年，蘇霏安再度來到慈濟醫院，施行右眼眼窩血塊引流手術；四年後，他又施行了右眼窩腫瘤摘除；這一年，我不在慈濟醫院。當時聽聞他已經是大學二年級生了，並考上心理學系，還對上人說：「以後我想當心理諮商師，幫助別人！」

二〇一七年八月，我「出國進修」九年後回歸花蓮慈濟醫院不久，適逢慈濟醫院三十一週年院慶。慶祝典禮當天，從會場的螢幕上跳出了一段影片，影片中那拿著吉他自彈自唱的人很是熟悉，他唱印尼版的《感恩的心》，一旁站著他的母親、太太以及女兒。

他的歌聲，立刻與數年前我在某間病房聽到一個男孩輕輕跟著音樂哼唱的音線相重疊，我的心立刻溫熱起來，並在座位上為此輕聲讚歎：「蘇霏安，你健康長大了呢！」

# 第二十四章　「河馬男孩」諾文狄

如果可能，他盡量能不出門就不出門，對身邊一切的人事物保持隔絕的冷漠。

他總是低著頭，因為他的臉上長了一顆巨大的腫瘤，令他僅僅五歲的臉嚴重變形，雙眼與雙鼻也被壓縮得剩四個小孔，彷彿只是鑽在這張變異臉上的四個小洞。腫瘤沉得讓他抬不起頭來，外人的眼光也令他不想抬起頭來。

當地居民談起他，都一臉避諱地說：「那個小男孩一定是受到了詛咒！我們千萬別接近他，免得也會被詛咒。」

連醫院都拒絕他。

「醫生，求求你幫這個孩子看診吧！」他的母親泣訴著苦苦哀求，「他發燒了好幾天，又咳嗽、又流鼻涕，他……」

還沒說完病情，他們一家人就被診所的人無情地轟了出去。他們不死心，陸續又跑了幾間診所，仍然沒有人願意替這個受詛咒的男孩診治。

腫瘤嚴重地侵襲男孩的身體；人們的冷漠，也挖空了他對人類的熱情。只要一有陌生人走過他身邊，他便會發出不友善的怒吼聲；就像隻受驚嚇的貓，試圖用他的嘶嘶怒吼聲掩蓋恐懼。

漸漸地，人們給他取了一個既可愛又嘲諷的綽號——河馬男孩諾文狄。

## 「被詛咒」的孩子

國家地理頻道正在播映一部紀錄片，片名是《河馬男孩諾文狄》。對我而言，這不僅是一部紀錄片，而是人生的一部分。那一段相處的回憶，不時在我的記憶中浮現，那孩子在病房走廊上到處奔跑的聲音依舊清晰。

他來到花蓮慈濟醫院就診的時候，正巧也是蘇霏安也在這裡的時候；縝密爬梳記憶，確切來說，他還比蘇霏安早一個半月到來。他們同樣是來自印尼，只不過分隔得遠；諾文狄住在巴淡島上，離新加坡只有二十公里距離。

然而，他們家並未感染到富庶的氛圍，父母親必須得勤勉地努力工作，才能讓一家生活溫飽。

為了要賺更多錢，他們將才剛出生的諾文狄交給父母照顧。九個月後，當他們得以休假返鄉時，發現自己的孩子竟然變了一張臉——巨大的兩顆腫瘤佔據了諾文狄的面龐！他的父親布瑞金抱著諾文狄小小的身軀四處求診，試遍了所有偏方、找尋高人之後，腫瘤像是在跟他們玩一場惡劣的遊戲，愈來愈大，小男孩開始視力模糊、呼吸困難、難以吞嚥，不時還會流出惡臭難聞的血水。

村民謠言四起，認為他們深受無以名狀的詛咒；自此，他們開始被醫院與診所拒於門外。

儘管所有人都唾棄他們的小孩，他們依舊深愛著他，年復一年地替兒子過著生日。即使生活經濟逼迫他們窩居在廢棄木柴以及橡膠皮搭建的簡陋違章建築裡，他們仍鼓起勇氣走進蛋糕店買下一個要價不菲的小蛋糕，回家插上蠟燭，擁抱著孩子吹熄蠟燭。

一歲的蠟燭、兩歲的蠟燭……這個孩子活過了五歲，與他臉上日益茁壯的腫瘤一同長大。

不知道從什麼時候開始，他們不敢在腦海中想像諾文狄的未來；因為，一眼望去，諾文狄身後似乎只有暗黑如墨的空洞……他們只能虔誠祈求，上蒼讓他再多活一天都好。

他臉上的兩顆腫瘤似乎有愈來愈大的跡象，尤其是右臉頰的腫瘤，大得壓到右眼的視神經；有一天，諾文狄說他右眼看不見了。

「你把兒子的照片給我，我認識一個人，或許他可以幫幫你們。」布瑞金的老闆見他為了兒子的病情悶悶不樂，便向他提議。

當時，布瑞金怎麼都沒想到，這張照片會來到一個臺灣人的手中，又輾轉地以電子檔的形式，來到臺灣日出即起之地。我們看著諾文狄的照片，告訴鄰近他們的新加坡慈濟志工：「請把他帶來臺灣。」

二〇〇四年三月八日，諾文狄在新加坡慈濟志工陪同下來到花蓮慈濟醫院，我們即刻啟動一連串相關檢查。從電腦斷層掃瞄影像中發現，諾文狄臉上不只有兩個腫瘤，而是四顆腫瘤！其中還有未發育完成的牙齒散落在腫瘤內。

副院長張耀仁在跨科部會議上驚訝地表示：「諾文狄罹患的是『巨大型齒堊質瘤』，全世界只有五例，而他是全球紀錄中年紀最小、腫瘤最大的病患。」根據他的了解，腫瘤會無可避免地隨著年紀增生。

眼下，腫瘤現在已經大到影響到諾文狄的呼吸了，我們必須動作快！

經過數十次會議、十科聯合會診，我們告訴陪同而來的布瑞金：「諾文狄臉上的巨瘤之大，已經壓迫到他的眼睛，並穿過下顎增生，破壞了下頜骨。這代表手術無法一次完全摘除腫瘤，必須逐步切除，最後還要重建消失的下顎。」

複雜的詞彙，我們並不確定布瑞金是否真能聽得明白；但是，他很聰明地從中擷取重點：「意思是，不只要動一次手術？」

「是的，光是腫瘤的部分，就要分三次處理。」張耀仁向這位焦急的父親耐心解釋：「我們第一次先去除左上額的腫瘤，第二次則是拿掉最大的腫瘤，第三次才將剩餘的腫瘤一併清除。」

布瑞金聽明白了。當下，無論是醫生或者是家屬，大家的腦子裡都想著同一件事，但是沒人把思緒脫口而出——這將是一場相當險惡艱困的手術。

## 被祝福的諾文狄

諾文狄的手術要能成功，除了專業醫療，還需要更多祝福的力量。第一次手術的前一天，我們為諾文狄設置一個名為「諾文狄加油」的網站；很快地，從全球蜂擁而入的訊息捎來關懷與祝福的溫暖。有別於諾文狄在家鄉被冷漠對待，網站雖然虛擬，看不到也摸不著；然而，字句間所散發出來的能量，猶如七月的驕陽，溫暖又熾熱。

「May you recover soon. And we will see you soon in time.」「你是個勇敢的小天使！」「從電視上看到諾文狄的第一眼，我哭了，真的好難過，真心希望他能趕快好起來。」

我們帶著這些祝福、懷抱著眾人的期盼將諾文狄送入開刀房。雖然五歲的他根本不知道為什麼要坐飛機、為何要跟一群說著不同語言的陌生人朝夕相處，又為什麼他在短短幾秒內就陷入麻醉昏迷狀態；但是，圍繞在他身邊、穿著手術服的我們都明白為什麼——我們想救他！

在手術房大門關上前，我們都看見了布瑞金黝黑臉上所滑落的潸潸淚水；那兩行男兒淚，刺激著大家不能輕言放棄。

這場手術的風險極高，尤其諾文狄還有著輕微心肌梗塞；因此，麻醉科主任石明煌在手術前一個半小時，還特地跑到佛堂祈禱。幸好，手術比想像中順利，取出了左上顎直徑約七公分的腫瘤，還隱約看見散落其中的牙齒。根據文獻對於這種病例的手術記載，平均失血量大約一千公克，諾文狄的這一次則幸運地僅失血四十五公克而已。

原本，手術室的氣氛嚴肅得連器材碰撞聲都顯得突兀；腫瘤取下之後，大家才終於敢恢復正常的呼吸狀態。而後，張耀仁將工作交棒給整形外科主任李俊達，讓他針對眼窩與鼻子進行重建與縫合手術；當他俐落完成並縫合之後，石明煌這才恢復了輕鬆幽默的個性，笑著說：「李主任縫起衣服來一定比他太太縫得漂亮！」

聞言，我們大家都笑了。

直至今日，再回想起那場手術的每一個動作，我都能肯定地說：「這是一場相當成功的手術。」

自從確定了第一次手術的日期，信奉上帝的布瑞金總是在獨處時拚了命地禱告。當手術結束之後，有人欣喜地告訴布瑞金：「你的禱告發揮功用了！手術相當成功！」

但是他卻搖搖頭，掩不住嘴角上揚地說：「我不再去禱告了，因為我對醫生很有信心，現在我要相信的是醫生們！」

這些甜美的字眼猶如沙漠中的甘露，澆淋著我們疲憊的身軀。

## 截然不同地回到巴淡島

布瑞金是真心地信任我們，即使第二次手術更加艱困。

擔心手術時間太長，五歲的諾文狄不堪承受，我們不得不捨棄出血量較少的鉀鈦磷雷射，以縮短手術時間。我們先從下巴腫瘤中間劃開後，拉開皮瓣，改用刀子、鐵鎚等工具將腫瘤分六次切除。

手術過程中，諾文狄嬌小的身軀給足面子，並沒有發生大出血的緊急狀況；然而，我們也發現，血液滲出的速度非常快，血壓一度下降，一般點滴式的輸血方法已經無法應付滲血的速度。

「針筒拿來！」石明煌當機立斷，請同仁趕緊送來針筒抽取血袋的血，直接打入中央靜脈導管內，將六袋、約九百公克的血液一一以手動方式輸入諾文狄的身體裡，這樣的血量幾乎是將諾文狄身體裡的血換上一輪。

這是一場風險極高的手術，原本大家都以為布瑞金絕對會擔心得在門外守候、禱告；但是，志工去找他時卻發現布瑞金早已經到處去串門子了。可見他對我們的信任並非空口白話，而是真心篤定。

經過十五週的治療、五次的大手術，離開慈濟醫院的諾文狄有了清晰的五官，雙眼視力也意外地正常，以截然不同的面貌回到了印尼巴淡島。

當時，我們都以為，他能跟蘇霏安一樣幸運；即使腫瘤可能復發，仍能在密切注意中避免危機；他也一定能和蘇霏安一樣，在安好的歲月中逐步踏實成長。

## 帶著可愛的臉到上帝身邊

一開始，確實是如此。

他切了第六次蛋糕、吹熄了第六次的蠟燭，穿上新加坡慈濟志工送給他的白襯衫與吊帶短褲，笑顏燦爛地讓母親替他拍照留念。每天睡前，他緊抱著上人送給他的頑皮豹玩偶，進入粉紅色的夢鄉。

村民不再畏懼他，甚至准許自己的孩子跟諾文狄一起玩，他儼然成為一個孩子王；聽說，他切下人生第六個蛋糕的當下，身旁圍繞著十幾個鄰居的小孩。

我們都認為，他的美好人生即將到來。殊不知，腫瘤已經悄悄發芽，正一點一滴地汲取著他的生命能量。

有一天，他母親發現異常。她抱著諾文狄面向丈夫，口吻中有著疑慮：「你不覺得他右側的臉好像又被撐開了嗎？你看他的嘴巴，好像都會不自覺地張開；還有，我發現他呼吸也變得很大聲。」

他們緊急聯絡慈濟志工，志工又聯絡了我們，我們告訴志工：「如果可以的話，請每隔兩週替他量頭圍以及鼻尖的尺寸，再將數據回傳給我們。」

就數據上來看，變化並不大；但是志工說，諾文狄的外觀卻已經逐漸產生變化。於是，二〇〇五年七月，由母親美恩多帶著諾文狄回到花蓮慈濟醫院。

我們無奈地發現，腫瘤確實擴散也變大了。可是，若頻繁切割腫瘤，會造成皮膚沾黏，顏面動脈也可能受損，最害怕的就是感染。

醫療團隊中有人提議：「如果做長久性氣切來維持呼吸暢通呢？」

這個提議很快就被否決，因為他們的住家環境並不利於照顧氣切的傷口。

最後，我們將評估告訴美恩多，並交由她來決定，她的臉蒙上一抹遲遲無法散去的陰霾。最後，她做出此生最艱困的決定——帶著諾文狄回家。

而在巴淡島等候的布瑞金聽聞診療結果，看著孩子逐漸微弱的氣息，不禁又開始向上帝祈禱：「上帝，如果你真的要帶走我們的孩子，請不要讓他再受苦，讓他平靜地跟著你離去吧！」

兩個月後的一天清晨，我們接到令人扼腕的訊息：上帝決定將諾文狄接走了。

趕抵巴淡島為諾文狄送別的慈濟志工告訴我們：「諾文狄的父母為他穿上白襯衫，搭配著黑色的長褲，外面套著他最喜歡的那件西裝外套，上頭還別著飛機模型的別針，他離去的面容十分安詳。」

消息傳來，帶給曾經診治過諾文狄的醫療團隊難以言喻的哀傷。身為醫者，我們明白，自己的雙手不可能百分之百地拉回所有死神想要擷取的生命，只能祈求給這些來不及享受生命美好的人們再多一點時間；諾文狄的開懷人生才僅僅一年，實在是太少了。

望著紀錄片中那張獲得新生、正開懷笑著的小臉龐，我記得出院那天，有個護理同仁笑著說：「現在諾文狄已經不像河馬了，倒像是卡通人物蠟筆小新，多可愛呀！」

我安慰自己，至少，他離開的時候，是帶著一張可愛的臉。

# 第二十五章　「全球第三例」的女孩

她原本應該被送去療養院的。

透過監視影像，她的眼睛睜大，卻沒有圓滾可愛的樣貌，反而添了些許猙獰；全身僵硬且肌肉緊繃，木然的臉龐彷彿是一具沒有意識的木頭娃娃。由病毒引起的腦膜炎造成她合併有癲癇與腦性麻痺症狀，而且是極為嚴重的那一型。

透過二十四小時監視錄影，她幾乎沒有一刻是放鬆的，腦子一直在放電、全身抽搐。

看過監視影像後，關起門來的會議室裡頭坐滿來自小兒神經科、神經內科、神經外科以及癲癇團隊的醫師們，整個空間卻像是被靜止般地異常靜謐。我的一句話劃破沉悶的空氣：「針對她的狀況，我們該怎麼辦？」

被劃開了的寂靜似乎不願妥協，又再次癒合，所有人低頭看著小女孩的報告，思緒百轉千迴；「這麼嚴重的狀況，常態醫療方式根本起不了作用。」有人這麼說。

藥物在她身上起不了作用，腦內又不只一處放電，過往慣用的胼胝體切開術根本不適用。

經過似乎永恆的靜默之後，我再度開口：「為她執行深部腦刺激術如何？」

「深部腦刺激術？可行嗎？似乎沒有過替癲癇患者進行這種手術的文獻資料。」

提出疑問，是醫生們對於病人負責的謹慎態度；然而我參加過全世界大大小小的會議，翻開腦中一幕幕的案例報告，我告訴他們：「在法國曾有醫生執行兩例相似的案例，而且都成功了。這給了我們一些信心，何不試試看呢？」

我很有信心，即使我們對於深部腦刺激術目前仍在摸索階段而已。

## 「蔆倫」的故事

二〇〇四年這一年，幾乎可以說是我們的「醫療國際年」；在長長的病房走道裡，總會聽到不同的國籍語言，在這裡同時有來自印尼的蘇霏安、諾文狄，以及來自新加坡的潘氏兄妹。

蘇霏安是我在印尼發現並帶來臺灣的病患，諾文狄則是受到新加坡慈濟志工的請託；而新加坡潘氏兄妹，則是透過媒體的力量輾轉而來。讓潘氏兄妹得以循線而來的，是徐蔆倫的病例。

蔆倫的故事得再回溯到他們來的前一年。

我們為巴金森氏症病患進行深部腦刺激術，直至二〇〇三年時已經快滿週年。對於這個有著兩百多個繁複動作的手術，我們尚不敢斷言每個步驟都能做到完美，依舊在持續地探索當中。

那天，我一如往常地來到大林慈濟醫院開設的特別門診中，替南部巴金森氏症患者看診。雖然出身南部，但是大林空氣中的稻草香與將軍的鹹膩海味截然不同；即使在寒冷的二月天，仍感覺清爽舒適。

直到徐蔆倫的出現，讓我不由得從寧靜安逸中被嚇了一跳。

六歲的她只有十六公斤，全身僵硬、表情木然地被母親抱進診間。

「去年底，她因為病毒感染引起腦膜炎，後來造成腦性麻痺，又併有癲癇症狀。」薆倫媽媽拖著疲憊的聲線，清楚地訴說女兒這四個月來的病情轉折：「一開始，她一直在抽搐，突然有一天她就不動了，像植物人一樣，可是仍舊不斷地反覆發燒。」

我看著這位媽媽隆起的肚子，壓抑不住胸膛湧上的難過情緒，問她：「妳都是怎麼照顧她的？」

「醫生要我將她送去療養院，我怎麼肯！再怎麼辛苦，我也要自己照顧她。」撫著薆倫清秀的臉龐，她說，從出院到現在整整一個月，她從沒好好睡過一覺：「我每天幫她拍背、灌食跟換藥，晚上每兩小時就起來替她抽痰一次。」

許多初次懷孕的母親會被懷孕初期的嗜睡、頻尿、反胃以及心情焦慮困擾；然而，薆倫媽媽的日常重心，全都在懷裡的摯愛身上。

既然照顧了一個多月，其實也代表著她接受了事實。是什麼樣的原因讓她再抱起女兒向外尋求援助？我好奇地問：「妳怎麼會想到來找我？」

收起辛酸情緒，她抽抽鼻子，努力地揮開悲傷：「是臺南成大醫院的小兒神經科醫生黃朝慶介紹我來的，他要我來慈濟找一位林欣榮醫師；我找了資料，發現你固定會在大林看診，所以就來了。」

黃朝慶是成大醫院小兒神經科主治醫師，不僅是備受尊敬的臨床醫學教授，也是小兒神經科名醫，診斷過不少罕見病例，更是南部很有經驗的癲癇權威；我只聽過他的豐功偉業，但是並不認識他，他對我應該也是一樣的。

蔓倫的媽媽繼續說：「黃醫師還告訴我，你會幫蔓倫治療好，三個月就能出院了。」

我在心裡笑了；坦白說，從剛剛見到蔓倫到現在已經有十分鐘，但是我根本不知道該如何治療，甚至也不知道該不該動手術、動什麼手術？黃朝慶醫師怎會如此鐵口直斷？

看來，我是不能漏氣了。於是，我在毫無退路之下接過這項嚴峻的挑戰。

## 全世界只有兩例的手術

我在第一時間幫薆倫安排了電腦斷層攝影以及磁振造影。當影像傳入診間電腦時，我發現這項挑戰是一道難解得令人頭疼的謎題；她的病況相當特殊，而且頗為嚴重。

「方便留下妳的電話號碼嗎？」我告訴薆倫的母親：「我必須先回到花蓮跟醫療團隊做進一步研究，以便找出最好的醫療方針，讓薆倫一到花蓮就可以馬上接受治療。請妳耐心地等我的電話。」

一回到花蓮，我即刻啟動跨科部會議，召集了小兒神經科、神經內科、神經外科以及癲癇團隊的醫師們共同討論。當時我們認為，薆倫的腦部放電模式以及功能障礙都與巴金森氏症極為類似，或許深部腦刺激術可以抑制這些不正常的腦中放電。

全世界的個案數不多，僅在法國有兩名成功的案例；我們深切期待，薆倫將會是成功的第三位。

她住進醫院的日期很好記，正是二月二十八日。看著無法平躺、全身扭曲的薆倫，我告訴自己盡快將關愛的眼神收回，必須先與薆倫的父母解釋即將進行的療程與風險：「如此重症的孩子，不是我一個人就可以治好的。」

解釋完之後，包含神經內科、神經外科、小兒科以及影像醫學部等十多名醫師陸續走進來替蔓倫進行診療；我看見了她父母親臉上這時所閃過的詫異，這抹詫異很快就化為信任與希望。

「蔓倫的筋絡繃得很緊，我們決定利用深部腦刺激術的電極效應替她鬆緩。」對於醫療結果的預測，我一向坦白，當下便誠實告知：「沒有辦法痊癒，只能改善百分之二十至三十；而且，目前全世界只有兩例執行個案，蔓倫是第三例，我們不敢妄自斷言。這幾乎等於是一場奮力一搏的比賽，而且沒有健保給付。」

醫療費用高達一百萬元；這並非是一筆人人都可以負擔得起的數目，遑論能恢復的程度極其有限，我必須請他們慎重考慮。

一時之間，病房內陷入了靜默，蔓倫父母眼神裡原本的希望如手中的細沙般漸漸流失。就在我以為他們可能會放棄之際，蔓倫的父親說話了：「百分之二十至三十，也就是說可以讓她輕鬆一點嗎？」

他專注地等待著我的答案。一見我點了頭，隨即就說：「只要能讓她不那麼痛苦，我們就來拚拚看！花多少錢都沒關係，我可以賣車子，如果還不夠就賣房子！」

一旁的太太雙眼因淚水而閃爍，與先生一樣，沒有一絲猶豫。

日後我才知道，其實薆倫並不是他們的親生女兒，而是領養來的孩子。此時此刻，血緣早已不是衡量親情價值的依據。

他們賣掉一輛運貨用的牛意用車，再籌款添補，在極短的時間內就籌措到足夠的醫療費用。

## 比預期更好的成果

我們利用磁振造影進行立體定位並計算座標，將僅有零點一公分的電極晶片放入薆倫的視丘下核。這場精細得不容許出錯的手術，由經驗豐富的陳新源醫師主刀，電極放置的位置極其精準，完成一場成功的深部腦刺激術。

術後一開始，薆倫不斷地吐口水、伸舌頭；見薆倫父母既緊張又擔憂的面容，神經外科的哈鐵木爾醫師安慰他們：「我們必須依據她的症狀慢慢調整電量，調整到適合她的電量需要一段時間；就像一輛車的引擎，如果調整得不好，就會跑得不順。請放心，我們再觀察一段時間。」

這是我們第一次嘗試用深部腦刺激術控制癲癇，因此得不斷調整藥物以及電量，每一位醫師無不戰戰兢兢；但是，看著蔓倫逐漸柔軟的身體，我們都有相同的信心。

住院的這段期間，我們一邊忙著替蔓倫記錄及調電，並幫助她復健、學走路、學說話，另一方面也承擔起安撫家屬焦急情緒的重責；醫師們的探房次數，最高紀錄是一天高達六次！

蔓倫開始學會踏步，逐漸能從病房緩步走向護理站，也慢慢地懂得如何上下樓梯，整個醫院幾乎都踏滿了她細小的足跡；後來，復健師還跑來向我們抱怨：「她現在不僅會走路了，還會跑給我們追呢！」

她恢復得比我們預估的百分之三十還要多出許多；不僅會跑會跳，還會跟著音樂唱歌跳舞，幾乎能過著與正常孩子無異的生活。

在入院後的兩個月又二十九天時，我們終於可以安心地讓她出院了，比黃朝慶醫師所預估的還要提前一天。後來，只要講到蔓倫的故事，我都不禁笑著說：「黃醫師還真是『鐵口直斷』！也還好我沒有『漏氣』！」

# 第二十六章　潘氏兄妹

她護送著諾文狄父子來到花蓮慈濟醫院，看著他們入住病房並有了妥善的照顧之後，她腳步一轉，朝著院長室走來。

木門被輕敲兩下，我聞聲抬頭，只見她昂然挺立地站著，與臉上那一抹欲言又止形成了強烈對比。我以為她是要來跟我討論諾文狄的治療方式，但她一坐下來，只是靜靜地遞給我一份醫療資料。

裡頭的檔案是關於一對罹患怪病的新加坡兄妹。

「院長，我去看過他們了，他們的狀況真的很令人不捨……」

記憶就像一部時光機，帶著她回到那棟她怎麼也忘不了的社區大樓裡。她還沒踏進兄妹倆的家裡，妹妹的淒厲叫聲早已傳遍了樓層，似乎在每一道階梯間迴盪著。

一進門，客廳擺著兩張突兀的床，床上的兩個身影扭曲，伴隨著不斷抽搐。當下，原本要從她嘴裡說出的任何安慰字眼早已經被微風帶出窗外，只能放任著自己沉默地呆立其間。

她心有餘悸地對我說：「訪視過那麼多戶人家，我真的當場忍不住倒抽一口氣。」

兄妹的母親告訴她：「新加坡的醫師都對我一雙兒女的病束手無策，我已經不知道該怎麼辦了。」

「我會將他們的狀況送回臺灣的慈濟醫院，那是一所醫學中心，看看他們是否會有辦法。」她的回覆很平實，沒有肯定的應允，也沒有令人失望的拒絕。

她在述說的同時，我已經將資料看完了。抬起頭，她正帶著希望看著我，像是要證明什麼，急切地說：「我記得去年醫院也曾遇到類似的個案，那個小女孩是叫菱倫嗎？你們有辦法改善她的狀況，所以……」

我捕捉到她的急切與盼望，並說出了她最想聽到的答案：「送回來吧！」

這一天，陽光燦爛地照映在她的臉頰上閃爍著一道光芒，那是喜極而泣的淚水。

## 身體扭曲的兄妹

不少人看了夔倫的故事來到慈濟醫院，期待為他們的怪病找出可能的解答。我們收治許多相似的患者並依舊忙碌於醫院大小診療的同時，海洋那端的新加坡，也有著一對兄妹，正扭曲著虛弱的肢體，無謂他人眼光地放聲哭喊。

他們各自擁有著被賦予期待的名字：哥哥叫做潘勁揚，卻因為疾病，他失去了使勁的能力；妹妹名為潘姿齊，也因為同樣的怪病奪去了屬於青春少女的姿儀，她恨透所有會反映出臉龐的家具。

他們同樣都在五歲發病，從雙腳癱軟無力開始，連踢到小石頭都會跌倒；病情惡化的速度猶如下衝的雲霄飛車，讓這一對好不容易從爬行、站立到會行走的兄妹，又迅速地從站立、爬行、退化到只能躺回床上。

新加坡的醫生說，他們罹患一種罕見的遺傳性神經系統退化疾病

（Hallerverdon Spatz Syndrome），這個疾病讓他們的四肢、臉部與身體逐漸變形，肌肉不時會發生痙攣抽痛的現象。

臥床後的姿齊比哥哥更為嚴重；連續性全身痙攣只要發作起來，雙臂就會後拉、肌肉緊繃、頭往後翻，整個身體成了S型，肌肉抽痛的劇烈苦楚令她痛不欲生地放聲尖叫。

疾病，一度讓年僅十歲的她失去求生意志地告訴媽媽：「把我從窗戶丟出去吧！」

他們住在十樓。

聽到女兒的要求，潘媽媽嚇傻了，心急地說：「如果妳現在死了，這幾年來的苦都白受了！下輩子一定還得再重新來過一次，這樣妳還要嗎？」

兄妹倆的父母一直沒有放棄他們的小孩。她帶著孩子四處求醫，無論成功機率如何地微乎其微，她都堅持請醫師替孩子們治療；但是，每次治療超過一年之後，醫生便宣布了「無能為力」的判決。

日子一天天過去，他們的病情也愈來愈無法掌控。勁揚的左胸肋骨開始變形突出，腹部消瘦下陷，背脊彎曲，內翻外拐的手掌、軀幹以及四肢都逐漸萎縮；姿齊的狀況不比哥哥好，她漸漸地也因為萎縮的肌肉而瘦得只剩下薄皮包著細骨，日復一日都在疲憊的哭號聲中伴著滿臉的淚水睡去。

「因為神經系統不斷退化，他們可能活不過三十歲。」長期幫他們看診的醫師告訴兄妹的父母；「你們要有心理準備，這個病會慢慢影響到他們的呼吸系統，孩子可能會因為吸不到氣就走了。」

這一段警告，讓他們當場凍結、不知如何是好；同時，卻也給了他們一個瘋狂的念頭——登報求助！

二〇〇四年二月二十八日，翻開新加坡《新明日報》第二版，斗大的標題赫然寫著：「群醫束手無策加上父母的堅持與不捨」，報導內容宣洩了一對父母親多年來的辛酸血淚，也敍述兄妹倆罹患怪病後的萎縮人生。

這則報導馬上就引起社會大眾的注意，無力的民眾揪著心以匯款表達心意。看著款項不斷增加，潘媽媽很是感動，但她的心卻在暖流中顫抖：「我們現在最需要的不是錢，而是救命恩人……」

他們日夜期盼；然而，新加坡醫界卻一如報紙上所寫——束手無策。

## 準備迎接兄妹來花蓮

那個下了班的夜晚，新加坡的慈濟訪視志工林祖慧一如往常地轉開電視；深夜十點的新聞，是她除了工作以外得以接觸廣大世界的媒介。那一晚，出乎預料的淒厲叫聲從電視傳出來，令她不禁正襟危坐。

報導中說，義順區的潘氏兄妹罹患罕見的遺傳性神經系統退化，一幕幕的掙扎畫面成為記者急速說話聲中的背景；她看著畫面，聽著記者的口述：「這對兄妹急需各界人士的協助！」

那一聲痛徹心扉的吶喊，刺痛林祖慧的心，也喚醒她腦中的片段記憶：「記得臺灣的慈濟醫院曾經處理過類似的成功個案；既然新加坡的醫師束手無策，或許臺灣的醫生能幫得上忙！我得找到他們，先去了解狀況。」

過幾天，她終於探得地址，來到潘家拜訪。

以裝潢為業的潘爸爸當時在外工作，家裡只剩下潘媽媽以及一對扭曲著身軀的兄妹；潘媽媽正端著一盆中藥水替兄妹倆泡腳，蹲著回過頭來向林祖慧解釋：「醫生說這個能舒緩抽痛，效果好像還可以。」

林祖慧強迫自己從震驚中回過神來，開門見山地告訴潘媽媽：「我會將他們的狀況告知臺灣的花蓮慈濟醫院，看看他們是否有辦法。」

潘媽媽聽聞之後，細細的咀嚼林祖慧話中的意思，仍禁不住好奇地問：

「你們慈濟醫院也有西醫啊？佛教團體不都是看中醫的嗎？」

這句話惹得現場一陣愕然的輕笑，好不容易稍微淡化了空氣中始終濃厚的悲傷與不捨。

不久後，林祖慧帶著諾文狄來臺，也帶著潘氏兄妹的資料來；在我給了她最想要的答覆之後，一如往常地，我召開了跨科部會議。

林祖慧告訴我，她是看了夔倫的成功經驗才來向我們求助；我心裡也琢磨著，若是為潘氏兄妹進行深部腦刺激術，或許能有效地放鬆他們持續痙攣與抽搐的狀況。會議中很多醫師也同意這項作法；但是，團隊的共識非常重要，我們必須取得每一個人的同意才行。

「要開這個刀要給我一個證據、一個實證，證明是有幫助的才可以開。」小兒科權威王本榮醫師嚴肅地說：「深部腦刺激術的治療在全球還只是在實驗階段，我們不能拿這兩個孩子做實驗；我們需要的是一個支持的論點，足以證明或是推論孩子接受治療後會有效果。」

會議在一來一往中掙扎半個小時之後，團隊達成共識，我總結地說：「找個病例來吧！只要有一個，我們就決定做了。」

王本榮醫師也同意了。

會議結束之後，步出會議室的每一位醫師都開始找尋相關的醫學資訊，試圖尋找一個成功的理由，為這個絕症找出破冰的希望。

沒多久之後真的被我們找到了！那麼恰巧，就在當月初，甚具權威性的神經外科雜誌《Neurosurg》刊登了由美國賓州大學醫院（Hospital of the University of Pennsylvania）神經研究中心所發表的個案。這所知名的神經研究中心在論文中表示，他們為一名罹患遺傳性神經系統退化疾病的三十五歲男性患者執行深部腦刺激術治療；在植入晶片一年後，患者肌張力失調的狀況獲得百分之八十的進展，生活功能上已經能恢復自理。

這一篇文章的出現，終於讓王本榮醫師點頭同意，也宣告了潘氏兄妹未來的療程方向。

滋生的勇氣與信心迅速地在所有人身上湧出，我們做好準備了！此時此刻，就等著兄妹倆來到臺灣。

# 第二十七章　來比腕力吧！

他的肌肉張力改善了百分之五十八。

原本因為抽搐而無法控制的右手，總是被貼心的父母放在褲子的口袋裡，就是擔心他由不得身體控制的擺動會傷害到自己。眼下，他終於能自在運用自己的意識擺動它們了。

從住院至今，他足足胖了十二公斤，活動力也變得比以前更好。雖然外表上沒有明顯長肉，但身體是自己的，他感受得到四肢愈來愈強壯、愈來愈有力，倚靠在輪椅上的時間也愈撐愈久。

原本彎曲變形的指頭逐漸柔軟；前些時候，他已經可以跟護理人員玩剪刀、石頭、布的猜拳遊戲了。時隔多年，在重新掌握身體自主權之後，他心裡萌生一個大膽的念頭；如果這件事情可行，他絕對會重新開始愛上自己的身體。

「可以陪我玩一個遊戲嗎？」他挺直身軀，聲音從喉間緩緩傾出。

「又想玩猜拳遊戲了嗎？」護理人員看到他時總是親切以對，即使再忙也會抽空配合他的要求。

「不是，我今天想換個遊戲。」他深呼吸一口氣，慎重地說：「來跟我比腕力吧！」

## 被釋放的靈魂

執行深部腦刺激術對我們而言並不是挑戰，這是我們醫院的常態手術。但是，我們大多只為巴金森氏症患者施行這項手術，對於潘氏兄妹所罹患的遺傳性神經系統退化疾病，醫學文獻記載僅有五例，而他們是年紀最小的患者；根據文獻顯示，這種疾病發病的年紀愈小，往生的機率就愈高。對他們而言，這是別無選擇的手術。

全世界的治療經驗有限，沒有足夠的數據支撐著我們；因此，接下來的每一步，醫療團隊個個繃緊的神經，並不亞於兄妹兩人緊繃的肌肉。

抽血檢驗、心電圖檢測、核磁共振、正子照影、二十四小時腦波檢測……在一連串的檢驗之後，我們欣喜地發現兩兄妹的腦部都相當健康完整，受損的情形與肢體比起來可謂健康；在此先決條件下，大幅提高深部腦刺激術治療的可能性。

一開始，潘媽媽坦言她對於這項手術存有疑慮；來到臺灣，徜徉在花蓮海岸所吹送的微風中，她又生起害怕再次掉入絕望深淵的愁緒。林祖慧明白她的擔憂，於是貼心地搜尋蔓倫的影片，並播給她看。

她嘖嘖稱奇：「怎麼這麼神奇，植入晶片以後就從癲癇的狀態進步到可以又跑又跳！既然藥物已經沒有太大的作用，那就試試看吧！」

信心終於如同潮水般朝著她湧來，孤絕的感覺也一再被沖淡；她的憂懼，就在信心的不斷沖刷下，漸漸地只剩下輕淺得幾乎看不見的痕跡。

在她的充分授權下，我們決定先為姿齊植入晶片，緩解她難耐的疼痛。

手術在歷經六個小時後順利完成；經過六天的觀察，我們再度進入手術房為她植入電池。回想起來，那幅美麗的畫面中還有著諾文狄小小的身軀；他在手術之前來到姿齊病床邊，為她加油打氣。

通了電的晶片刺激著姿齊腦部的放電量，起初我們必須每一個小時微調一次電量，找出最有效的電量；晶片啟動後，姿齊不再痛得吼叫。即使妹妹尚未恢復任何行動能力，勁揚仍舊躍躍欲試，頻頻問我們：「什麼時候才可以輪到我？你們要替我動手術了嗎？」

一週後，我們替勁揚施行一模一樣的手術。

手術之後，他們的靈魂似乎從身體的禁錮中一點一滴地被釋放，每天都有著令我們雀躍的進步。

## 跟哥哥勁揚比腕力

手術之後，我們又透過物理治療協助他們站、坐以及翻身；另一方面，我們透過職能治療，訓練他們手部的靈活度，期待以後他們能以書寫與世界連結，甚至有能力可以畫出他們眼中與心裡的美好；若能自己吃飯，那就再好不過了；因為疾病而被奪走的語言能力，也慢慢地恢復當中。

我們看著他們不斷地在復健中跌倒、失敗，也見到他們咬緊牙關所贏來的成功，尤其是勁揚，他一直和自己的身體拚搏著。

勁揚努力嘗試將碗中的食物放進嘴裡；一次又一次地，食物總是還來不及到嘴裡，就撒得滿桌都是……手術是成功了，但只能緩解強勁的肌張力；

唯有不間斷地復健，才能找回支撐四肢的力氣。

一段時日之後，他們終於站著踏出重生的第一步；當下，即使是鐵漢也會被他們所撼動，所有人都是熱淚盈眶地看著這感人的一幕。

在臺灣的這段期間，媒體記者時常到醫院「探病」；面對記者詢問，我們一貫誠實回答。

「他們不是單純的肌張力不全問題，而是一種遺傳性的神經退化疾病；手術只能舒緩雙腿肌張力的狀況，沒有辦法改變雙腿無力的症狀。對於未來，我們只能期待，卻不能預測。」神經內科主任林聖皇是為他們調整晶片電量的主要負責人；他坦言，能夠恢復到多好，我們真的不知道，畢竟我們沒有指標可以測知他們可以進步到哪裡，只能期望他們能越來越好。

未來的復健仍是條漫漫長路；但是，在出院之前，被我們養胖的勁揚早已經不玩他一開始最喜歡玩的猜拳遊戲了；遇見認識的人，他總會信心十足地向對方下戰帖：「我們來比腕力吧！」

很多人都接下挑戰，也志有一同地故意輸給他。

望著他喜孜孜的神情，對自己愈來愈進步的興奮；或許，對自己身體一點一滴重新獲得的力量，是能繼續支撐著他想要更好的動能馬達吧！我們都甘願為了這樣的效果，跟他「一較高下」。

## 「為什麼臺灣能，新加坡不能？」

歷經五個多月的治療與復健，穿上背架之後，他們可以靠自己的力量坐上二十分鐘，在攙扶之下還能行走；姿齊恢復的狀況更好，只要有人輕扶著她的腋下，她就能走得很自然了。

他們終於能返回新加坡了！由於新加坡沒有適合他們的復健輔具，因此特別從臺灣訂製並運送過去，潘媽媽一肩擔起物理治療師、職能治療師以及語言治療師的職責，日復一日地在希望的懷抱中，為兄妹倆進行復健。

有人曾問她：「照顧兩個孩子，一定覺得很辛苦；看見他們痛苦萬分時，妳必定也很傷心吧？」

她的回答出乎所有人的預料，她說：「我從來都沒有想過要傷心、緊張，因為我沒有時間可以傷心，只是想要趕快找到醫生；而且，照顧他們本來就是我的責任。」

她不曾為照顧孩子掉過淚，雙眼也不曾出現過絕望；即使在孩子病得最嚴重、幾乎失去求生意志時，她都告訴自己必須保持輕鬆、幽默。

當姿齊要她將自己從十樓丟下樓時，她在斥責之後，很快就轉換了語氣，逗著姿齊說：「就算把妳丟下去，被樓下的大叔接到了，他還是會把你抱上來的，我們就別白費力氣了。」

每次只要到新加坡開會時，當初替他們診療的團隊醫生總會抽空到潘家探視他們的狀況；有一回我也去了，看到他們恢復得比離開醫院時更好。潘媽媽笑著跟我保證：「我們一直在復健，日復一日，從來沒有中斷過！」

潘氏兄妹在臺灣接受治療並返回新加坡之後，猶如一顆小巧卻沉重的石頭被拋進靜止的湖泊裡，在當地醫界激起一波強而有力的漣漪。

「為什麼臺灣能，新加坡不能？」這句話，出自新加坡建國總理李光耀女兒李瑋玲之口，她同時也是新加坡國立腦神經醫學院院長。自此之後，新加坡醫界全力發展這方面的醫療技術，之後也令許多新加坡人受惠。

在臺灣的我們也不敢怠慢，在接手一個個令人頭疼的國際醫療個案中，強迫自己思索、進步；誓言以梅約醫學中心為志向的心，始終未曾改變。

# 第六部

我鄭重地保證自己要奉獻一切為人類服務。

——《日內瓦宣言》第一條

# 第二十八章 不能走的，要讓他們能走！

我撥了一通等待回電的數字號碼。

在聽了對方的簡述之後，在極短時間內的深思熟慮、加上過往經驗累積的判斷之後，我在她的熱切等待中做出最終決定，告訴她：「把公公帶來慈濟醫院吧！我們醫護團隊會在這裡等他。」

「可是我該怎麼跟這裡的醫生說？」電話那頭是患者的媳婦，她焦急的語氣中滿是苦惱；「醫生說我公公的狀況很危急，再過幾個小時就要替他執行開顱手術了。」

「妳告訴他，我是花蓮慈濟醫院的林欣榮院長，我將會接手後續治療。」

從接到那一通電話開始，我緊急聯繫相關醫護待命。從高雄開車到花蓮要幾個鐘頭？最保守的估計，大約要六個小時吧！

晚上八點三十分，天地已陷入靜寂的黑，我接到那位太太所打來的電話；耳邊傳來的聲音，除了她的話語，還有包圍著她的車體行駛間的雜音，我必須仔細聆聽才能聽得見她在說些什麼；「院長，我們大概再半個鐘頭就到了！」

好快！才四個鐘頭而已！

在緊急的通報中，相關的醫生、護理同仁都在急診室等待著。

三十分鐘後，一部閃著紅光的白色廂型車駛入急診通道，大家蜂擁而上，這個病人的狀況一刻都不能再等；從高雄到花蓮的這一段車程，是他與家人拚上性命的賭注。

接獲消息的那一刻開始，我們都明白，這是一場不能辜負的緊急救援。

## 讓病人有尊嚴地離去

他曾任職臺電總經理、交通部長、經濟部長、行政院長，一度更是先總統蔣經國的接班人。

二次大戰之後，日本電力技術人員撤出臺灣；臨走前，或是不甘願、或是不信任，他們預言：「我們走了之後，臺灣將陷入一片漆黑。」

當時身為臺電機電處處長的他開始了南北奔波的日子；最後，僅耗費整整三個月的時間，就讓全臺電力復甦；原本一度因為電力不足而停擺的工廠，也開始轉動推動經濟的齒輪。

他是孫運璿，臺灣近代傳奇人物之一。

這樣風光的他，在一九八四年被中風擊倒。坐著輪椅的身影依舊穿梭各處，他的意志仍如當年復甦全臺電力般堅強，也勤於復健，甚至還要復健師對他嚴格一點：「你不要把我當院長，你們怎麼要求別人，就怎麼要求我。」

他自我要求，致力復健，期待有朝一日能再度行走。來自臺灣各地的祝福信件也紛紛透過行政院、醫院或是報社轉抵他手中，其中甚至還有人說：「只要是能對院長有所幫助，要我捐出器官，我都願意。」

在眾人的祝福下，孫運璿在日復一日的復健中堅持了二十個春秋；只可惜，他的最後一口氣息依舊存留在輪椅上。直到九十二歲心臟病取走他的性命之前，他都未曾再靠著自己的雙腿起身行走。

在診間，我見到許多的「孫運璿」，他們總是令我感嘆，曾經風光的人生，遇上中風、腦傷時，尊嚴在片刻間就被剝奪，連上洗手間都需要別人幫忙。

即使人生即將走向終點，我都希望他們能帶著尊嚴離去。以前，我曾誓願，要讓不能醒的病人能夠醒來；然而，歷經多年的醫學訓練，輾轉巡迴各地醫院，再度回到花蓮慈濟醫院時，六十歲的我有了另一個願——不能走的病人，我們要讓他能夠走！

## 從高雄急送花蓮！

來自高雄的楊丁炎，原本是躺著進入慈濟醫院的。他的孩子與媳婦告訴我，爸爸的身體一向硬朗，不僅喜歡爬山、打羽球、游泳，也在退休後的愜意生活，旅行過不少國家；據說，即使到了歐美國家，當大家正受時差困擾時，他仍然精神抖擻！

追根究柢，這次讓他倒下去的，竟然是一個夢。

在進入夢境之前，楊丁炎正在看國家地理頻道，這是他唯一會收看的電視頻道；那天，螢幕裡播映的是海底生物。所謂日有所思、夜有所夢；在他午夜夢迴之間，這些原本在節目影像中的生物竄入他的夢境，成了巨大海怪，並且攻擊著他的兒子！

他在夢裡奮不顧身地搶救愛兒；在現實裡，他緊閉著雙眼、激烈地對著空氣揮舞四肢。這一拚搏，讓他自己從床上跌下來，額頭撞上一邊的大理石床頭櫃；他被撞醒了，一道血痕也順著右臉頰溫熱地流淌而下。

這樣看似無礙的傷口，楊丁炎的兒女不敢輕忽大意；畢竟，老爸爸已經高齡八十五歲了，一點小閃失都應該謹慎以待。幸好，住家隔壁就是小有規模的醫院，他們趕緊帶著老父親就近檢查。

當時醫生認為，理應無恙。直到四個月後的一天午膳，他們發現，楊丁炎握筷子的手突然變得不靈光。

他們再度繃緊神經，馬上將父親送醫。這次，透過斷層掃描顯示，他的腦子裡全都是積血！

「是微血管破裂，血液慢慢地滲透出來；經過三個多月，積血已經多到壓迫腦神經了，必須立即引流釋壓才行。」醫生解釋，他們會為楊丁炎進行引流手術，當積血排出之後，很快就可以恢復正常，但是過程中仍有風險；「他年紀那麼大了，也可能做一次還不見得能恢復，可能還得做第二次；如果情況不樂觀，我們也考慮打開他的頭蓋骨協助釋壓。」

手術原本是成功的，他的神智既清楚，雙手的動作也堪稱敏捷，一切都顯現著好轉的跡象。

「我老爸的興趣就是享受美食。」兒子楊順合提起當時手術剛結束時，他時常「偷渡」食物到病房，一口口地餵著父親。當時在表達上還有點遲鈍的楊丁炎將食物吞下後，就會望著兒子手中的湯匙；心有靈犀的楊順合就知道父親還要吃，便再將裝滿食物的湯匙遞到父親嘴邊。

他驚訝地發現，楊丁炎張開的嘴裡仍滿溢著尚未咀嚼吞下的食物。這一幕，差點兒讓楊順合掉下男兒淚；也讓他們警覺，父親腦損傷的病情尚未完全控制住，反而愈來愈惡化了！

醫生緊急替楊丁炎做了第二次引流手術，但是狀況仍未好轉，因此建議家屬：「我們恐怕今晚就得打開他的頭蓋骨了。」

當時，楊順合問醫生：「我想請問您，以我父親這樣的高齡，打開頭蓋骨是否有風險？」

醫生斷然回答：「風險當然很高！」

這一句話讓他們遲疑了；也是這一句話，讓全家都是慈濟志工的他們想起了我。

由於事態緊急、距離遙遠，等不及依照正常的掛號程序，他們輾轉藉由所有可能的管道，透過別人將訊息留給正在開會中的我；一見到如此緊急的訊息，我立刻回撥電話以了解狀況。

聽完家屬的敍述之後，我初步判斷已經引流了兩次積血卻仍無法釋壓的原因，或許是因為引流的位置不對；我有信心，在不打開頭蓋骨的狀態下，讓已經陷入腦損傷的楊丁炎再度走下病床、恢復正常生活。於是我告訴他的媳婦：「如果你們相信我，就請帶他來花蓮吧！我們醫護同仁都會在這裡等他。」

「可是這裡的醫生説晚上就要開刀了，臨時要轉院，我實在不知道該怎麼對醫生開口。」

「慈濟醫院希望能照顧自己的法親；妳告訴醫生，我是林欣榮院長，我將會接手後續治療。」

當高雄的醫生聽到她這麼轉達之後，告訴現場所有楊家的親屬：「林欣榮院長我們都很熟悉，他真的很棒，交到他手中絕對沒有問題。」

雖然同意轉診花蓮，但醫生也直白地告訴他們所將面臨的風險：「從高雄送到花蓮的過程，車子不能開太快，若是太晃，可能會影響他的病情；也不能開太慢，因為時間一拖延，可能就沒希望了。你們願意承擔這些風險嗎？」

「我們只能一搏！無論結局是好是壞，我們都相信慈濟醫院的判斷。」

這一句話，無疑是對我們的最大信任，我們無論如何都不能辜負！

## 讓老者再度發揮良能

從醫以來，動過的腦手術早已突破三萬顆；面對掌控人類一切的器官，我認為，用最簡單的方法來解決病人的問題，往往都能出現奇蹟。

楊丁炎當初引流的傷口感染了，到花蓮時已經陷入神智不清的狀態，我們在不得已的情況下必須將他的四肢固定；家屬即使不捨，仍然尊重我們的決定。

我告訴他們：「原本出血的地方有細菌跑進去，所以才會神智不清也無法正常動作。既然主要的病灶是細菌，就要靠抗生素殺菌；只要找對抗生素注射，便能有效解決，也就不需要動手術將頭蓋骨打開。」

看著家屬漸漸放鬆的面容，我進一步解釋：「不過，也因為感染，腦中產生膿瘍，我們必須讓這些膿液有出路，因此還是得做引流手術。」

我的判斷是正確的；在處理腦膿瘍手術後，又搭配內生性幹細胞療法及中醫合併治療，他的恢復情況果然逐漸好轉。不過，我並不想就這樣讓他出院，因為我發現老先生走路的姿態並不穩健。

如果只治標而不治本，我可能很快地又會在診間看到他。果然，在進一步檢查之後，我發現他還有水腦症。人們的腦中都有積液，大多能被自然吸收；然而，楊丁炎因為老化的關係，吸收能力降低，腦損傷以及腦中風的病人更容易產生積液。於是，我們又為他執行腰椎腹腔引流管手術之後，才安心地讓他辦理出院手術。

出院之後，家屬告訴我，楊丁炎現在不僅重拾爬山與游泳運動，還到慈濟的環保站當志工，負責的是最困難的電線拆解工作。他媳婦提起公公在環保站的執著表現，言語中盡是藏不住的笑意：「他還嫌那裡的工具不好用，自己去鐵工廠打造一組工具；他也覺得那裡的桌椅高度坐得腰痠背痛，就自備桌椅；一坐下去工作之後，還要其他師兄姐提醒才會記得起來休息。」

聽著遠方傳來的好消息，我不禁回想起，手術結束之後，楊丁炎很快就恢復了意識。

巡房時，她的媳婦開心地跑來告訴我：「院長，我公公醒了！」她的喜悅感染了我們的心情；然而，下一刻，她的神情轉為羞赧，輕聲地問：「他說他很想喝珍珠奶茶，可以嗎？」

媳婦笑著對我說，公公雖然高齡八十五了，卻仍像個孩子般愛喝珍珠奶茶，這是他最抗拒不了的美食之一。翌日，我將這則趣事告訴治療團隊，大家不禁相視莞爾。

一個懷著赤子之心以及熱愛美食的「老小孩」，能再度讓他清醒並揮發人生的良能，也讓我們這些醫護極有成就感啊！

# 第二十九章　推動3C健檢

目前為止，手術進行得很順利；不過，在進手術房前，我的心卻因家事而忐忑不安。

清晨，從臺北傳來消息，我的女兒已經抵達醫院，即將足月生下她的第一個小孩、我的小外孫女。天亮的時候，我以為將要傳來預期中的好消息，可惜並沒有；電話那頭告訴我，她仍在持續陣痛，孩子卻一點要出來的跡象也沒有。

這天我已經排定了一臺刀，沒有辦法及時趕到臺北相伴。

我在約定好的時間完成消毒並走進手術室。刀下的病人很幸運，他的腦血管已經阻塞百分之九十了；仰賴現在的科技以及警覺心，我們得以在他發病之前就先執行預防性的手術。

我一直都知道女兒的預產期就在這幾天；但是，來自鄉間的病人告訴我：「我們動手術是要看日子的，手術的日期可以讓我自己挑嗎？」

沒想到，竟那麼湊巧的，他挑中了這一天。

我在替他暢通血管的時候，我的女兒仍在跟生產陣痛奮戰。她想自然生產，但是一度傳來令人心驚膽戰的消息——生產停滯了；若再不緊急剖腹，恐怕母子都有危險。

血管暢通、進行縫合……在手術結束的那一瞬間，我以最快的速度將面向手術台的雙腳旋轉面向大門，邊走邊脫去手術衣，在門外等候的祕書早已為我備妥西裝；在醫院走廊上，我顧不得形象，邊跑邊更衣。

飛機，在等著我；我必須即刻趕往臺北，祈求上天讓我的女兒與外孫女均能平安。

## 「小題大作」保健康

剛走出會議室，祕書告訴我楊丁炎已經可以出院了，並說道：「院長，他們詢問醫院有沒有什麼需要他們幫忙的？他們想捐款給醫院。」

那麼巧！剛剛在會議室，我們正討論著該如何提升院內設備。我告訴同仁：「我期待我們醫院可以朝向『行動醫院』邁進！如果醫生與護理同仁在跟病人解釋病情時有一臺平板，便不用回到護理站拿資料；在交接班或是要了解病人需求時都可以直接透過手上的平板取得資訊，我們也可以把醫囑透過電腦動畫解釋給病人聽。」

這個想法獲得一致認同。然而，現實也隨之潑來一桶冷水，澆熄我們的滿腔熱情——若真要落實，估計整個花蓮慈濟醫院至少需要一百部平板電腦，上百萬元的經費又該從何而來？

上一秒，我在會議室時才被這個問題所困擾；下一秒，踏出會議室時，楊丁炎一家的感恩之情，立即讓煩憂化為希望。他們在出院之後，慨然捐出一百部平板電腦，啟動慈濟醫院邁向行動醫院的第一步，為我們高遠的理想先建構起落實的骨架。

醫院能替患者做的，就是提升設備、精進技術；然而，個人健康仍得仰賴民眾平日的保健，更得提高警覺心！偶爾踏入病房巡房，又或者是經過加護病房、進入手術室，我總是想：「其實，發病前總有徵兆，或許只是小頭暈；若能及時地『小題大作』，到醫院做進一步檢查，由腦血管所引發的頭暈就能立即獲得適切治療；不然，等到發病時，往往都只能癱在床上，仰賴無止境的復健度過漫漫時日。」

高齡八十歲的陳律師就是一個真實的例子。

擔任花蓮慈濟醫院研究倫理委員會委員的他，每個月都會來花蓮協助進行人體試驗的審議；對於我們的新藥研發，他是一位不可多得的重要夥伴。

有一天，他來到院長室找我寒暄；一走進來，我就見他走路不穩，手腳微微發抖。

「最近都還好嗎？」我這算是明知故問，他看起來分明就不好。

「老嘍！」陳律師靠著桌緣，將一身重量全傳給了桌子，仰賴桌子的堅固才能讓他疲軟的身軀得以緩緩安坐下來。「現在走路不穩，記憶力也差，看了很多醫生都沒有改善。令人迷惑的是，他們判斷的病症大不相同；有人說我是阿茲海默症，有人說我是巴金森氏症，更多醫生認為我這只是自然老化現象。」

這一年來，他輾轉求診一般神經科、神經內科、神經外科、復健科、老人醫學科等；然而，即使按時服用各科別所開出的藥物，病情依舊沒有獲得改善。

他所說的每一項病症，我都認為跟他的狀況不像。於是我再問：「你有去做全身健康檢查嗎？」

「當然有，還是找不出原因。」他輕輕撫著雙腿與膝蓋說：「今天狀況還可以；有時候這雙腿還不聽使喚，得拄著枴杖才能出門。」

他輕聲嘆息中，滿是對人生走到盡頭的無奈：「我已經不抱任何希望了，能活一天算一天。」

有別於他的消極，我的腦袋不停地在思考著。我偏著頭，想了想，再度跟他確認：「完整的健康檢查包含磁振造影嗎？兩百五十六切電腦斷層檢查呢？電腦斷層正子造影呢？」

他搖搖頭，直說這些都不包含在健康檢查的項目內：「我只是抽了血、照X光以及腸胃鏡而已。」

我當下立即決定為他再安排全身型的健康檢查，提及的高科技影像檢查也都包含其中。結果顯示，果然不出我所料，透過磁振造影，我發現他的腦部有積水，而這些積水正是影響他行走不穩的始作俑者。

我們替他施行了與楊丁炎一樣的手術，經過腰椎腹腔引流手術之後，不出幾週，他走得甚至比以前都還要來得穩健。

## 救回一命的3C健檢

很早之前，我就開始推行「3C預防健檢」，主要針對腦血管症病（CVA）、冠狀心血管症病（CAD）、癌症（Cancer）施行預防檢查；磁振造影可以分腦部、頸椎、腰椎以及腹部等分像檢查，及早發現腦血管疾病、腦瘤、脊椎、攝護腺癌、乳癌等疾病；兩百五十六切電腦斷層是檢查冠狀心病以及肺癌的新利器；電腦斷層正子造影則可以及早發現肺癌、乳癌、甲狀腺癌、惡性淋巴癌等癌症。

我總催著同仁在醫院提供的員工健檢中加價再做3C健檢：「就當作是送給自己一份生日禮物吧！這可是影響一生的健康禮物呢！」

對於較為熟識的病患與老朋友，我也會殷切地提醒他們，一如陳會長。

我跟陳會長一年總會見上好幾次面，無論我人在臺北、花蓮或是臺中，他總是親力親為地帶著患者來找我求助。往往他一到，我就忙著替患者進行各項檢查與診治；他也不跟我多說話，只是看著我忙著診斷、治療，直到患者狀況穩定了，就默默地坐車回南部。

那天我稍微有點空檔可以多跟他說幾句話，我便問他：「陳會長，你帶那麼多人來檢查，你自己有做過完整的健康檢查嗎？」

他急著走，便隨口敷衍地說：「沒有，下一次吧！」

「不行！」我一邊說，手上開單的動作也沒停下，不一會兒就遞給他一張單子，催促著他：「你馬上去掛號，今天馬上檢查！不會耽誤多少時間的，我等一下就來幫你看片子。」

他拿著單子，在被我半強迫之下，不得不走向檢查室。我那一天的霸道或許是注定的緣分；因為，當他的檢查影像傳到我的電腦時，我驚訝地發現，他右側的一條腦血管已經阻塞九成了！

「依照文獻資料顯示，像這樣的狀況在半年至一年之內一定會中風。」我認真看著他那雙既顯年紀卻又黑得清澈的雙眼，強調說：「中風之後只有兩條路：一是馬上死亡；若是僥倖逃過死亡的威脅，也會成為植物人。」

立即開刀是目前唯一能選擇的路。

## 為女兒擔憂、為好友慶幸

陳會長百分之百相信我的判斷，當機立斷就同意手術。即使是多年老友了，想要向我提出要求時，徘徊在唇齒間的話語仍然羞赧不已：「院長，我知道一向都是病人配合醫生的時間；不過，我們比較迷信，開刀是要看日子、看時辰的……」

我還以為是什麼事情呢！想也不想就回答：「沒關係，我配合你的時間。」

他與太太討論並翻閱農民曆之後，很快就給了我消息：「明天開刀，時間最好！」

明天？我沒想到竟是如此倉促的時間；但是，既然答應他了，我也不討價還價，即使當時心裡有一個聲音告訴我：「可是，最近是女兒的預產期，隨時都可能會生產……」

當天凌晨我就接到女兒入院的消息。這是她的第一個小孩，是全家人都期待的小外孫女，我認為一切都會順順利利的。

然而，直到我進手術房之前，臺北傳來的消息一再令我忐忑不安。「似乎生不太出來……」生產一度停滯，婦產科醫師勸女兒放棄自然產，改採剖腹產。

即使心心念念臺北的狀況；然而，在這同時，多年老友的性命也掌握在我手中。我為女兒擔憂，也替陳會長慶幸，慶幸這一切都發現得早。

手術順利結束之後，我迫不及待地離開手術室，一路朝著機場狂奔。直到上了飛機，一顆心交雜著緊張與興奮，不安似乎已經被拋諸腦後；我告訴自己：「有醫術精湛的醫生與高科技醫療設備，她們母女倆一定會平安的！」

# 第三十章　親近精舍

我四肢癱軟地倒在半路上。

清晨四點四十分，我跟一些同仁已經在醫院門口準備就緒，大家一身輕便，短褲、壓力褲再搭配排汗衫，個個看起來還真是有模有樣。我信心十足也中氣十足地告訴大家：「再過五分鐘之後起跑，預計五點四十五分抵達靜思精舍，大約十公里的路程，大家有信心嗎？」

即使晨起，他們仍精神抖擻。

四點四十五分，我領著大家往前跑去。晨露刷過臉上的汗毛，帶來一陣沁涼；腿部肌肉在一步步中累積著痠痛，大腿與小腿正在發出嘶嘶的怒吼聲，但是我早已習以為常也不以為意；畢竟，我可是一個「跑步專家」呢！

只是，跑著跑著，我似乎開始換不過氣，心臟的急速跳動更加劇了吸不到氣的疲乏；漸漸地，我意識到雙腿仍在邁步，眼前卻一陣昏黑……當我昏倒的那一瞬間，我都還不知道自己是怎麼停下腳步並躺在地上的。

我被攙扶上了車，一路來到靜思精舍時意識已經恢復八成。恍惚之中，我發現自己已經坐在會客室內，熟悉的木頭氣味盈滿鼻腔，而上人就坐在我身邊。

他笑著問我：「你怎麼跑到昏過去了呢？」

## 跑回靜思精舍！

二〇一六年七月一日，我重返花蓮慈濟醫院接掌院長一職。八月盛夏，我與醫院同仁一同歡度慈濟醫院三十週年慶；現場除了精舍師父、各地前來的慈濟志工，還有超過六百位同仁，一同前來見證這個充滿著感恩的日子。

這一幕，與二〇〇二年我第一次參加院慶時的畫面，可謂截然不同。

回顧那一年的院慶，歡愉的氣氛與嚴肅忙碌的景象並呈，整座醫院彷彿是兩個世界。精舍師父與慈濟志工熱鬧地為醫院的生日舉辦慶祝活動，裡頭稀疏地夾雜著院長室的幾位同仁；在大廳之外，來來往往的醫護同仁卻猶如事不關己，漠然地做著自己的工作，彷彿「那是慈濟自己的事情」。

當時我心想：「怎麼會是這個樣子？」

後來我也聽說，就連上人來到醫院，大家的反應也相當冷淡，並不熱絡；甚至連來這裡好多年的醫生，對於慈濟基金會的善行卻一點也不了解。

當時，我升上院長才剛滿一個月。有一回，到精舍與上人報告醫院業務；會議結束後，我輕鬆自在地喝著茶，上人卻心事重重。

他語重心長地告訴我：「林院長，我有一個希望。」

我沒有出聲，只是靜靜等待上人把話說完。

「我希望醫院能與精舍親近一點。」

這不是一項簡單的任務，更跳脫了我的醫療專業；然而，追根究柢，這也確實是身為院長的我所該負起的責任。在好幾個沒有業務的夜裡，我一直在苦惱、思索，究竟該如何圓滿上人的心願？

親近精舍的方法很簡單，醫院的小巴士就可以載滿一車子的人回到精舍；不過，我希望能與眾不同，也希望一切都是出自於自願；因為，強摘的瓜不甜啊！於是，我開始號召同仁——路跑回精舍！以雙腳朝山之外，也是一場自我挑戰的馬拉松。

果不其然，這樣的創意很快就吸引了一群愛好運動、挑戰自我的同仁投入參與，引領他們跑回精舍的我更是興致勃勃；畢竟，從學生時代開始，我就是一個運動健將。

即使出社會開始工作，我總會抽出時間慢跑。還在三總的時候，我每天固定在六點鐘起床，從汀洲路跑到臺灣大學的運動場，繞了右兩圈、左兩圈，拉拉場邊的單槓後，再依循著來時路跑回家，完成一個鐘頭的運動時間並梳洗之後，再到醫院上班。下班後，我不急著回家，而是到三總的健身中心將舉重、啞鈴、仰臥起坐各做一百五十下，讓自己汗水淋漓後才滿足地回樓上開刀房換衣服回家。

跑步對我而言並非難事；從三總來到慈濟醫院之後，雖然因為忙碌而疏於運動，但我仍對自己的體力自信滿滿。

起跑時，我衝很快，跑過醫院、上了橋，再繞過鐵軌，直到身邊景致沒了車潮，只有一望無際的青青田野之後，頭腦卻逐漸沉重，並且天旋地轉了起來……沒幾秒鐘之後，我就在眾人的眼前倒了下去。

我被後援的車輛接上車，一路昏沉，到了精舍才有力氣起身。當時，連上人都忍不住笑我：「你怎麼跑到昏過去了呢？」

那天之後，我逼自己重拾運動的習慣。每天五點起床到學校操場練跑，從一圈、兩圈、五圈、到十圈；慢慢地，在一個月之後，就能跑足十公里的路程了，我也繼續每個月邀約同仁一起跑步回精舍。

月復一月，參加的人數從十人、二十人到平均四十人。為了歡迎我們「回家」，精舍師父也早就備妥早餐，等著我們一個個抵達。

有時候，我總是一面跑，一面跟著韓鴻志、邱琮朗或是許文林一起討論醫院的事務、規畫研究計畫該如何進行；一趟十公里的路程，兩三個研究案就偶爾在一呼一吸中成形。

有一天，在起跑前，天空下了起毛毛細雨；現場四十幾人卻有志一同地說：「這樣的雨勢還好，我們還是跑回去吧！」

一路上，雨勢愈來愈大，雨絲漸漸連成一條條長線、又進而形成了一層薄紗；我向前看，再回頭看，沒有人的腳步因此停歇，只有眨個不停的眼簾試圖努力看清前方的路。

回到精舍，常住師父一見我們個個淋成落湯雞，不禁驚呼：「怎麼下大雨還跑回來呢？」他們心疼地趕緊拿出毛巾為大家擦拭。

接過毛巾，我擦著臉，笑著跟師父們說：「即使不下雨，跑十公里回來我們也是溼透了。」

## 達成上人的願望

愈來愈多人透過這樣的方式回到精舍，並在感受師父們的疼愛之餘，願意多花些時間了解基金會的歷史；同仁詢問，師父們就回答，偶爾則是資深的慈濟志工分享。直到有一天，精舍師父問我們：「你們來上特訓班如何？我們專門為你們打造培訓課程。」

當時，許多人都同意了。之後，我們依約在每個月的某個星期日下午來到精舍；替我們上課的除了精舍師父、資深志工，還有最讓我們欣喜的講師——上人。

「上人親自幫你們培訓？你們也太幸福了吧！」每次跟一些慈濟志工提

到這件事情，都會引來羨慕的驚呼聲。

漸漸地，醫院的氛圍開始轉變。醫護同仁開始與志工有說有笑；上人到來時，也會在忙碌中試圖探頭仰望，人文精神也逐漸在每個人身上發酵。

第一個改變的是李超群，他將一頭及肩的長髮理短，上班時還引來一陣不小的騷動呢！

第二位則是陳新源。長久以來，他都習慣留著滿臉的落腮鬍；過了好一陣子，我實在忍不住，只好勸他：「在我們醫院必須要有人文精神及儀容，你的鬍子可以剃乾淨嗎？」

在我身邊的祕書開玩笑地說：「院長，陳醫師他的刮鬍刀才幾百塊，剃不乾淨啦！這麼多鬍子，恐怕要用你的那一把幾千元的電動刮鬍刀才能剃得乾淨。」

我把這句玩笑話聽進心裡；過了幾天，我就送給他一把與我的一模一樣的刮鬍刀。翌日，結識多年之後，我首次看見陳新源的「真面目」。

我瞇著眼，藏不住笑意地端詳著他；他則是嘆了口氣，佯裝不服氣的說：「唉！我已經被『去勢』了。」

我們都不禁為這句俏皮話開懷一笑。

才短短一年，慈濟醫院的風氣幡然一新。之後的院慶，參加的同仁愈來愈多，院慶也逐年辦得愈來愈熱鬧；除了路跑，也曾舉辦過園遊會、攝影展，年年推陳出新。

忘了是二〇〇五還是二〇〇六年，只記得，在某年院慶的前一週，我們每個人都好忙。

在診間，我才剛結束一位病患的問診，他起身關上門的那一刻，我就迅速拉出一張畫滿手語的講義，雙手不斷演練著；直到門再度打開，才又恢復端正的坐姿與鎮定的面容，繼續為患者看診。

這個畫面，幾乎在各個診間上演。

甚至到了院慶前一天，總計七十八名醫生，包括二十幾歲的住院醫師、七十幾歲的資深主任，通通聚集在大型會議廳的講臺上，跟著前方志工一個口令、一個動作地演練與綵排。

「不行！剛剛右邊亂了，要重來！」

「前面的蓮花要開得有節奏，重來！」

「重來！這個拍子一下的時候，你們就要開始走位了，不能頓住！」反覆地重新再來，又站又跪；練到十一點多，終於綵排完畢的我們，個個腰痠背痛。然而，翌日的院慶上，搭配著《白袍禮讚》那高昂、莊重的歌聲，醫生群們以苦練多時的手語，完美地為自己的醫院獻上最誠摯的祝福。

當天，在表演結束並步下舞臺時，我在心中雀躍地對自己說：「上人的願望，已經達成了！」

# 第三十一章　最佳拍檔

大廳正在舉行一場臨時舉辦的音樂會。表演者是慈濟醫院合唱團的團員，由吳彬安副院長領軍，我是團員之一。合唱團的成立原本是希望藉此紓解工作壓力，偶爾我們也樂於跟病患們分享；這一次就選在大廳，利用短短半個鐘頭的時間，期待能以樂曲膚慰他們疲憊的心靈。

就快開唱了，我卻覺得現場似乎少了些什麼。見顏惠美師姐在一旁幫忙張羅布置，我走過去對她說：「妳不覺得現場好像少了什麼嗎？」我又想了想，有了眉目：「以後像這樣的活動，我們可以同步結合義賣，帶動大家的愛心。」「我怎麼都沒想到！好，那我們下次就來這樣做。」惠美師姐馬上答應。

說完話，她又去忙了，我也隨即上臺唱歌。

半個小時後，當我正要下臺時，發現大廳的一角已經擺上幾張鋪著藍色桌巾的長桌，上頭擺滿各式堅果、柚子，還擺上了兩盆鮮花作為裝飾。

我望著站在桌前的顏惠美，她則迎著我露出勝利的笑容。她哪裡能等到下一次？我才剛說，她就想馬上執行了！

我認為自己行事稱得上果決迅速，顏惠美師姐比起我來卻往往更勝一籌。活動結束之後，我笑著對她說：「顏師姐，我覺得我們兩個都是過動兒。」

她看了我一眼，按捺不住滿臉的笑容說：「你才過動兒呢！誰跟你一樣是過動兒？」說著，她又快步消失在走廊的盡頭，忙著處理其他的事情了。

## 常住志工顏惠美

每天一早，穿著整齊的慈濟志工服的人龍自醫院大門整齊有序地魚貫而入。每天平均都有一百五十位志工駐點在醫院各處，提供患者與醫護同仁們各式各樣的協助與需求，他們可說是醫護同仁的最佳拍檔。

全臺慈濟醫院的志工不見得每週都是相同的人；來自全臺各地的志工依序報名、選擇日期，輪流前來支援。然而，花蓮慈濟醫院卻有一位志工天天報到，至今已經超過三十個年頭，比任何一位同仁的資歷都要深。

即使已經七十歲，她的步伐仍然又大又快，嬌小的身影穿梭在醫院的每個角落；要說誰最熟悉花蓮慈濟醫院的地形，應該沒有人能比得上顏惠美。她看著慈濟醫院誕生，也看著這間醫院擴張與成長；花蓮慈濟醫院啟業幾年，她就在這裡幾年。

三十二年前，顏惠美還年輕，不到四十歲的年紀，就毅然決然地辭去自己的工作，來到花蓮慈濟醫院擔任常住志工。起初，她的工作是解說員，向來訪的貴賓述說慈濟興建醫院的起心動念；之後，她則投入病房關懷，拉拔諸多醫護們難以顧及的焦躁難熬之心。

她的存在一直被視為理所當然。

我也是來到慈濟醫院一段時間並逐漸與她熟稔之後，才從她的口中以及別人的分享裡，拼湊出她來到這裡的緣由。

那一年她才三十幾歲，正打算辭去工作，遠赴日本進修。有一天，她的好朋友來找她，拉著她熱切地說：「花蓮有一位師父在幫助全臺的貧戶，而且還打算在花蓮蓋一間醫院。我繳了五年的會費，但是從來沒去花蓮看過這個基金會，妳陪我一起去好不好？」

顏惠美心想，目前工作暫告一段落，到花蓮散散心也好，於是就跟著朋友從臺北坐車到花蓮；花了半天的時間，終於來到坐落於農田間的靜思精舍。精舍的師父相當好客，拿出一本本的檔案、資料以及數據，一一細說這些年來他們做了些什麼。

本業是成本分析的顏惠美對數據很敏感，看到檔案本中那些貧病個案之後，不由得將身上所有的現金全數掏出，僅留足以搭車回臺北的車資。

「當時上人正好有個空檔，就陪著我們說話。」顏惠美回憶起那一年與上人初次見面，上人就要她承接慈濟委員的身分；「我直接了當地告訴上人，我都要去日本了，不可能承接委員。做不到的事情如果隨便答應，那是對不起自己、也對不起別人。」

被她婉拒的上人聽完她的話後，也說：「我也沒有隨便就要人家做委員的。」

被上人「遴選中獎」的顏惠美，到了要上車離去的那一刻，依舊沒有給予上人肯定的允諾。

直到太陽西下，澄黃的光線籠罩著大地與視野，顏惠美與朋友趕緊起身辭別，她們還得趕回臺北呢！但是，就在她們即將離開之際，一向靜謐的精舍突然躁動不安，常住師父也一改以往舉止優雅地奔忙起來，顏惠美好奇地拉著一位師父問；一問之下才知道，上人長年的隱疾心絞痛突然發作了！

「他在哪裡？怎麼會生病？」自認有著一副雞婆個性的顏惠美，跟著常住師父踏進上人的寮房；那間小小的房間裡似乎有著永恆的寂靜，而上人孱弱的身軀就躺在那兒，全身冒著冷汗。顏惠美告訴隨侍一旁的常住師父：「請你趕緊替他擦擦汗、衣服換一換，如果因此著涼就不好了。」

說完話，她看了看時間，真的快要來不及了，便趕緊步出寮房，跑向即將啟動的車子。

沒想到，上人這時候卻走出寮房，一臉蒼白地目送她，讓她不禁回過頭來走向上人，並拍拍她瘦弱的肩說：「師父，你一定要保重；你不是為了自己，你是為了所有人。」

上人點點頭。當顏惠美一腳已經跨上了車，後頭又傳來上人的聲音：「妳一定要接下來喔！」

此時已經一屁股坐進車裡的顏惠美，只得搖下車窗，揮了揮手說：「好啦！我接、我接！」

## 慈院醫護的好拍檔！

「回到臺北之後，那一夜我失眠了，一直在想，我就這樣答應了？但是，該怎麼做？」頭腦轉得快的她，翌日一如往常地到公司上班；到了下班時間，她就搶先一步地守在打卡的地方，告訴每一個準備來打卡下班的人：「花蓮有位師父要蓋醫院，大家共襄盛舉一下吧！」

曾有人問上人，慈濟委員幾乎都是一群婆婆媽媽，當年才三十三歲的顏惠美，怎麼會投入擔任慈濟委員呢？

上人總是笑著回答：「如果我不用病給她看，哪裡留得住她！」

顏惠美不僅留下來，並向身邊的同事與親友募款，甚至還辭去工作、放棄前往日本進修的夢想，提著行囊來到花蓮慈濟醫院，擔任起常住志工。

「當年，很多出錢出力的大德會來看看醫院是不是真的；我就陪著他們一邊參觀、一邊講解，每天都要走好幾個鐘頭、講好幾個鐘頭。」

沒有訪客時，顏惠美就去廚房幫忙挑菜，挑完菜後再回到病房摺被單、縫補病人的住院服。慈濟醫院起初相當克難，捨不得購置現成的敷料，全是由顏惠美帶著幾位志工手工現做。

「曾有醫生跟我抱怨，棉花棒才剛放下去要沾藥水，結果一拿起來只剩下一根棒子，棉花都掉在藥水裡了；所以，最後一道綁緊的動作都是由我來把關。」她說，當時就連紗布也得自己摺：「邊緣的虛線不能露出來，不然會刺痛病人，每一摺都要萬分用心。」

工作總有告一段落的時候，她卻不願讓自己閒下來；因此，總有好幾個古靈精怪主意在腦中打轉的她，便生起了病房慰問的念頭。當時，她就約院長夫人以及婦產科主任的夫人一起去病房探視患者；一進病房，就精神抖擻地說：「各位早安！院長跟醫生都在救各位的命，他們的夫人也來這裡關心你們喔！如果有什麼需要幫忙的，儘管跟我們說。」

顏惠美這一個突如其來的舉動，成功打響慈濟醫院人文關懷的名聲，病患對慈濟醫院的好感度急速上升；然而，另一方面，醫護同仁卻不那麼領情。

「醫護同仁都覺得我們是『間諜』，被派來看他們是不是有認真在工作，然後回精舍打小報告。」顏惠美談起那一段過往，不由得也讓我想起初到慈濟時見到的醫護同仁與志工之間的疏離感，原來其間有過這樣的心結。

「即使我很清楚地感受到被討厭，依然天天往病房跑。病人的需求太多了，有人家境有困難，有人與親人之間無法溝通，還有人因為生病而想自殺。」顏惠美笑著說，也因為病人的突發性狀況愈來愈多，護理同仁也漸漸地愈來愈仰賴他們的協助。

有一天，顏惠美在志工服務站接到病房護理同仁打來的呼救電話：「師姑，妳快點來，有病人在拍桌子對我們生氣，你們快點來！」

她馬上前往支援並了解狀況。到了那兒，只見一個坐在輪椅上的壯漢滿臉怒意，對著同仁大聲怒吼；其實顏惠美也感到害怕，但是她告訴自己：「就算怕，也要裝不怕！」

她朝著壯漢走過去，盡量讓自己的聲音聽起來親切而沒有恐懼，輕聲問：「先生，你慢慢講，我來聽看看可以怎麼幫你解決，好嗎？」

「我叫他們幫我換藥，他們都不換，這樣我根本就好不了！」他氣得再度怒吼，並大喊：「院長在哪裡！我要去跟他理論！」

天外飛來的一個主意竄進了顏惠美的腦裡：聞到對方身上傳來的油垢味，她試圖安撫對方，於是提議：「我看你的頭髮一定好幾天沒洗了，我幫你洗一洗好不好？洗完再帶你去見院長。」

就這樣，她帶著那位先生來到一間空病房，並取來一盆溫熱水，一邊替他洗頭，一邊聽他說自己的故事。原來，他是一名剛出獄的更生人，來花蓮尋找足以養家活口的工作；卻沒想到，工作還沒找著，就被一場飛來橫禍的意外撞斷腿。骨頭是接起來了，但是植皮的部位卻遲遲不見好轉；「一天一定要換三次藥才會好，醫生卻說一天換一次就可以了，根本沒道理！」

剛開始，他依舊怒氣沖沖；後來，在顏惠美的按摩之下漸漸消卻。在洗完頭之後，他意外地朗笑一聲：「哈！我好像皇帝！你們推我回病房就好；現在我心情好，不去找院長了！」

顏惠美不僅替護理同仁化解了一場僵局，這位先生後來轉診到臺大進行復健，她還到臺大探視他；「他看到我時好開心，覺得真的有人在關心他！從此之後，我就決定，病人出院後一定要做居家關懷。」

一直以來，無論是穿梭在病房膚慰的志工，又或者是出院後的居家關懷行動，這些已被我視為理所當然的事情，從顏惠美的故事中一一得到了解答。對於這群總在我們身旁默默付出與奉獻的醫療志工，愈是了解他們的故事與發心，就讓我更是珍惜地將他們放在心中。

感恩，我的最佳拍檔們！

## 用力打掃病患家庭的院長

口述／顏惠美

院長是很積極的人，永遠笑口常開，這樣的形象可以穩定病人的心。我時常聽到他跟病人說：「我們會想辦法，請給我們一點時間。」大家都能感受得到他是很認真地想解決患者的病苦，不管治療過程、結果如何，大家都盡力了；正因為明白他的努力，因此他的醫病關係保持得相當良好。

二〇〇一年，他初到花蓮慈濟醫院來的時候，對於巴金森氏症的治療推得很勤快，也做得很好，很多病人幾乎都是慕名而來。面對全臺各地巴金森氏症家庭的湧入，醫院對面的民宿常常不夠住，我每天還要打電話四處拜託民宿空幾張床位給我們的病患家屬。

二〇一六年，他再次回來，也帶回了腦神經幹細胞治療，民宿又開始不夠住了。我時常笑說，他每次一來，我們就變得很忙。

以前即使天天共事，但醫護同仁跟志工的心離得很遙遠；院長只要抓到機會，就會一直跟同仁分享慈濟的故事。有時候我往臺下一看，認真在聽的沒幾個人，但他仍然講得既熱情又勤快，有時候也會請我上臺分享。多年之後，我漸漸感受到大家的心已然聚攏。

同仁不僅接受我們志工團隊，甚至也會自發地投入志工活動。在歲末年終，我們會到出院病患家裡清潔打掃，同仁的參與度一年比一年還要踴躍；院長即使事務繁忙，卻總是一馬當先。

他不僅在開刀的時候手腳俐落，連打掃的時候都不落人後。曾有一戶人家的牆壁上滿是陳年油垢，我們必須得先刮除牆上的壁癌，再仔細刷洗油垢。那天，我知道院長起了個早，領著同仁跑回精舍，接著再與我們會合到案家打掃；我以為他已經沒有力氣了，但是他刷洗的速度幾乎是我們所有人的兩倍！

那天回家之後，他告訴我：「顏師姐，我早上跑十公里，之後又蹲著跟你們一起刷牆壁，現在雙腿都軟了。」

即使如此，他從未缺席歲末年終的打掃活動，更會在幾個月前就追著我問：「顏師姐，今年要去打掃的家庭都安排好了嗎？」

# 第三十二章　花蓮強震！

二月六日深夜，眼下一片混亂；護理部的王宜芬剛傳來消息：「院長，魏勝雄住在統帥大飯店！」

自從二〇一七年底參與了自體脂肪幹細胞治療陳舊性腦中風人體臨床試驗之後，魏勝雄每隔一段時間就固定要到花蓮回診；幾個鐘頭前的午後時刻，我跟他還在醫院碰面，他氣色相當紅潤，行動力的恢復也出乎意料地好。雖然還有二至三個工作天的檢查，但是我有信心，魏勝雄術後三個月的評估與追蹤結果會是令人滿意的。

每次從彰化來花蓮回診，他與太太、外傭都習慣住在統帥大飯店，這一回也不例外。

「他住在幾樓？」如果不是住在塌陷的樓層，或許還有一線生機。

王宜芬是專科護理師，所有人體試驗的患者都由她進行後續追蹤；患者住在花蓮時，她更是照顧；我想，她或許會知道魏勝雄所住的樓層。

「我們之前有去探望他，他住在五〇一號房，五樓。」

一聽到五樓，擔憂的心情頓時被沖淡些；但是，只要人還沒找到，我們也不敢全然放心。我告訴王宜芬：「一定有希望，請趕快找到人，確保他們一家安全！」

我看了一眼牆面上的時間，現在是深夜十二點十二分，王宜芬沒睡、我沒睡，整個花蓮的人或許幾乎都沒有人睡著。因為，就在二十二分鐘前，花蓮發生芮氏規模六的淺層大地震；統帥大飯店在地震當下隨即倒塌，一至三樓全都被壓在大樓底下。

## 不平靜的花蓮深夜

每天從醫院離開並回到宿舍之後，我習慣讀幾篇國際醫療相關文章，並在十一點準時上床睡覺。

二〇一八年二月六日那天深夜，才剛躺下不久，伴隨著轟隆隆的地鳴聲，大地像要被撕裂般猛烈晃動起來，擺在架子上的所有東西應聲倒地，花瓶也難逃碎裂的命運……搖晃在逐漸趨緩的震盪而至靜止之後，我甚至還在懷疑是不是仍在持續地震，因為我走起路來都感到頭暈。

花蓮位處地震帶，地震對我們住在花蓮的人而言並非威脅。曾有人說：「如果地震來的時候，連花蓮人都跑出房子了，那就代表真的要逃命了！」剛剛結束的這一場地震，絕對是要逃命的地震。

顧不得地上碎裂一地的玻璃、水、物品，我套上大外套、戴上帽子，小心翼翼地避開地上的一片混亂並拉開大門，走入冷冽的空氣中。我不是要逃命，而是要到醫院去，因為心裡有個聲音告訴我：「這場地震將帶來一場無可避免的災難……」

慈濟醫院對面就是消防隊，尖銳的笛聲劃破深夜的寧靜，響徹雲霄地一路遠去，消防隊員已經出動救災與救護任務前往災區，我的腳步也未曾停。當時的我對災情一無所知，更未預料到會有大樓倒塌；但是，心裡的警訊像是一只偵測雷達般嗶嗶作響著，我認為等一下一定會有很多病患會被送進醫院來。

我一路從宿舍跑到急診室，一路上雙腳沒停，雙眼也沒停過，確認了醫療同仁的宿舍外觀、醫院的外觀、靜思堂的外觀皆完好無損；七分鐘之後，就當我快要接近醫院的時候，隨身的手機響了。

誰會在這個緊急時刻打給我？

雖然我急著到醫院探視狀況，但仍下意識地接起電話，急得連螢幕顯示都沒仔細看。電話那一頭的聲音很是熟悉，他問著：「院長，現在醫院的狀況怎麼樣了？」

是上人。我有些喘著氣地回答：「上人請放心，醫院都還好。」

「聽說心導管室的天花板掉了？手術房的設備儀器呢？一切都正常運作著嗎？」

有時候，我會覺得上人是千里眼，即使距離醫院有十公里遠，他仍能在最短的時間裡掌握所有的狀況。我信心滿滿地告訴他：「上人請放心，一切都沒問題的。」

從宿舍出來的第八分鐘，我終於踏入急診室，急診室的醫護已經準備就緒。不過，第一時間蜂擁到醫院的並非是大量傷患，而是來自宿舍與住在附近的醫護同仁。

一到現場，湧上心頭的是欣慰，慈濟醫院的同仁們果然都是救人救命的白袍醫者！

「啟動紅色九號！」所有人聽到「紅色九號」這個代號之後，又是一陣忙亂；慶幸的是，她們都很清楚自己在聽到這個代號之後該做些什麼，即使忙碌，卻有條有理。

「紅色九號」是啟動大量傷患機制的代碼，平均十五人以上就達到啟動大量傷患的人數；只要傷病患數目超出急診線上醫護人員的負荷，或醫院無法以原有方式運作，就會啟動大量傷病患緊急應變機制，緊急召喚休假的醫護同仁回到工作崗位。

每間醫院的代碼都不同；相同的是，當大量傷患湧進急診室之後，就考驗著我們的緊急醫療體系應變能力是否能達成任務。

## 安頓病患身心

「先確認急診室現有的病人、設備、環境、硬體等，看看是否有無損壞情形。」我一面指揮、一面觀察著：啟動紅色九號之後，同仁們是否有如往常演習一樣，將小小的急診室現場重整、規畫成能容納大量傷患的地方。

在診治大量傷患的機制運作下，我們將傷患分成四級，以進行最快的醫治。第一級是到院死亡，第二級的患者必須緊急開刀，第三級則是要持續觀察是否有生命危險，第四級是傷處較為輕微、沒有生命危險的患者。在有限空間內，我們分別將重傷區與輕傷區畫分出來，無論是要送進加護病房、住院、開刀等，路線都要規畫好；還得擬妥清單，讓前來的家屬知道自己的家人在哪裡。

我們還設置了媒體區，盡量不要讓媒體跟病患混在一起；除此之外，我們也得思考，如果重傷人數過多，需不需要其他醫院支援？哪個醫院還有空？

我們每年都會為此狀況演練兩次，一般演練以三十位傷患為主；然而，這次僅兩個鐘頭之內，我們就收治了一百多位患者！

不一會兒，第一個傷患來了！

實習醫學生火速固定好推車，費力地把來到醫院的病人抬上病床；一看病人的狀況不對，立即跳上床施行CPR。推著床的醫師與護士一邊喊人讓路，一邊飛快地將推床拉進重傷區；只可惜，經過半小時的搶救，這個傷患仍舊回天乏術。其實，他到院前就沒了氣息。

傷患開始陸續湧入，所有人的雙手與雙腳都沒有停過。到院前死亡的還有兩人，醫師仍不放棄，堅持在床邊壓胸急救半個鐘頭，才正式宣告不治。另外還有三人緊急被送入開刀房，其餘的多是骨折、割傷、撞傷等皮肉筋骨的輕傷，沒有腦傷、肺出血、腹部出血的重傷患者。

有些消息透過病患與家屬傳進我們耳裡。在他們因膽戰心驚而破碎的描述中，我們才知道已經有兩棟大樓倒塌；一棟是雲門翠堤大樓，另一棟則是在地長久經營的統帥大飯店，目前死傷人數不明。

在如此忙碌的同時，我接到了專科護理師王宜芬的電話；她告訴我，施行自體脂肪幹細胞治療陳舊性腦中風人體臨床試驗的魏勝雄，就住在統帥大飯店！

「他住在幾樓？」如果不是住在塌陷的樓層，或許還有一線生機。因為，統帥大飯店並不是整棟倒塌，而是向下陷落；如果不是住在一至三樓，或許還有生存的機會。

在幾個鐘頭前，他還在我的診間愉快地表示，現在已經可以自己撐著拐杖走了；「雖然動作慢了一點，但是一天天都在進步，每天都有驚喜！」一想到他原本期待的浴火重生，極有可能因為這次回診而斷送了……不，我必須樂觀！

王宜芬告訴我，她正在聯繫當中：「另外，第二個病人王先生一家，他們入住在吉安的五葉松民宿，非常安全，院長您放心。」

我告訴她，請務必要將人找到。

我在現場一邊指揮、一邊面對媒體，又得同時回報訊息給衛生福利部以及精舍；頭腦不停地轉，心裡也不停地替魏勝雄祈禱。

十二點三十七分，王宜芬打電話來，顧不得還有媒體聯訪，我趕緊接起電話：「院長！人找到了，是一個登山搜救總隊的人把他揹下樓的；雖然輪椅沒辦法運下來，但是魏勝雄跟她的太太以及外傭都很平安。」

我的忐忑終於安定了下來。王宜芬又說，來自印尼的外傭阿娃則嚇壞了，不停地顫抖、哭泣。

「先到現場找他們，好好安撫；天氣很冷，先接他們到醫院來安頓也可以。」我說：「靜思堂的寮房已經開放安頓災民，或許可以讓他們先住在那裡。」

不過，王宜芬早已經有了萬全的規畫，她說：「另一個個案王先生一家聽到這個狀況，馬上聯絡民宿業者過去接他們了，今晚他們會住在王先生下榻的民宿。」

## 非常狀況見功能！

兩個小時之後，我們解除紅色九號，魏勝雄一家也被接到民宿妥善照顧著。

然而，一切都還沒有結束，在吃下幾口從精舍送來的饅頭與熱薑茶之後，隨即就有幾批醫師領著同仁前往救災現場、安置中心協助民眾。我則是開始一連串的回報，並陪著上人到市區探訪；一直忙到晚間七點，才有五分鐘時間得以坐下來吃晚餐，之後又得趕赴大愛臺錄製地震相關的臨時節目。

再度躺在床上，已經是二月七日晚上十一點了。超過整整四十三小時沒有闔上眼，我的頭正在隱隱作痛，相當疲憊；然而，躺下來之後，我卻無法迅速入睡；盈滿內心的，是無盡的感恩。

那一夜，遭逢花蓮六十年來的最大地震，慈濟醫院也收治了有史以來最大量的緊急傷患。我慶幸我們是一所醫學中心，擁有三百多名醫生、一千多名護理同仁，高端設備與器材樣樣不缺；就是因為醫學中心人才濟濟、醫護人數夠多，才能在災難發生當下搶救生命。

誰說，花蓮不需要醫學中心？

## 結語　樂在其中

即使清晨即起，我的腳步依舊輕盈，晨露輕輕刷過剛刮過鬍鬚的敏感臉龐，清涼感帶來的朝氣與精神滲透入皮膚；花蓮的清晨，總有如魔法般能令每一個毛細孔從睡眠中甦醒。

### 「佛陀問病」的精神

走往辦公室的那條路並不會經過醫院大廳，因為是不同棟建築物。通常我會直接走向院長室；偶爾心血來潮，則繞向另一邊由大廳入口進入。

走入花蓮慈濟醫院大廳，由一塊塊小磁磚所拼貼而成的《佛陀問病圖》，以溫暖的黃色調在牆上照拂著人來人往，也開啟了我一整天的工作能量。這幅圖自一九八六年完成之後，就靜靜地在牆上供人欣賞。

《佛陀問病圖》講述的是：在佛陀時代，僧團中有一位精進求道卻獨善其身的比丘，終日只求用功修行以獲得解脫，對旁人的病苦急難卻充耳不聞。後來，他身患重疾，卻因為他平日與僧團分離，因此沒有人發現他生病了；在無人照料的情況之下，導致他的傷疾嚴重潰爛，並傳出陣陣難聞的惡臭。

慈悲的佛陀得知訊息之後，前來為他施藥，並洗去他一身汙穢與便溺。之後佛陀慈言開示：「你過去種如是因，現在就得如是果；以前你不曾付出愛心去憐憫他人，現在你需要關懷的時候就得不到幫助。所以，人人平常都要好好培養慈悲心；修行的功德固然很大，卻還不如看病的功德第一。」

慈濟的醫療志業緣起於花蓮慈濟醫院；對我而言，這裡的一磚一瓦都是滿載著眾人愛心的無價寶物；而這幅《佛陀問病圖》更是我們最貴重的珍寶，也是整個醫療志業最核心的精神。

繞過《佛陀問病圖》，我拐了好幾個彎並上了樓梯，才終於走入位在另一棟建築的院長室，桌面上已經躺著一份報表；身為院長，就連柴米油鹽醬醋茶都是我的責任。我深呼吸一口氣，翻開報表，上頭的數字即使只是無趣的黑色字體，它所代表的進步卻令我滿意。

報表顯示，醫學中心評鑑那個月，醫院的業績成長了百分之十四點零四，創下全臺灣醫學中心的歷史紀錄，這在很多醫院幾乎都是不可能辦到的事情；原因在於，為了全力衝刺評鑑資料，大多醫院當月份實在沒有太多心力接治更多的病患。

我滿意的並非營收，而是即使在忙於準備醫學中心評鑑資料的狀況下，我們也未曾忽略病人的需求；只要他們進到慈濟醫院的大門，我們就會擔起治療的責任，即使必須因此犧牲睡眠時間以整理評鑑資料。

多年來，花蓮慈濟醫院儼然成為困難案例的收治中心。堅強的團隊、精密的儀器以及創新的研究醫療，讓我們去年整體營收大幅成長百分之八；這些營收的百分之三十將全數給予醫院社服部，協助貧困個案能安心地在此獲得妥善治療。

才看完報表，醫務會議即將開始，醫務部副主任張睿智是今日的司儀。一開始，他禮貌性地先請我跟同仁勉勵一下，還說：「院長，你可以盡量鼓勵沒關係！」

我拿起麥克風，告訴各科室：「你們要人、要錢、要設備，我通通都可以給你們；我們一定要進步，要好到讓所有人都願意來我們這裡學習！其實，在慈濟醫院幫大家的不是我這個院長，而是宏觀國際的上人，大家更要把握機會！」接下來的叮嚀更是滔滔不絕，一下子就過了半個鐘頭。

緊接著由各科室逐一報告，最後再由我總結。當我又要拿起麥克風時，張睿智逗趣地對我求饒：「院長，你已經鼓勵夠多了，可以不要再鼓勵了嗎？」

我笑了，空氣中的凝重因為這一笑而頓時變得輕盈；我只好配合大家的期待，對著麥克風說：「好啦！下課嘍！」

我緊接著還得趕著門診、手術，不時還要到研究室去與韓鴻志討論研究進度。

有人說我是最忙的院長，要管理醫院、緊盯各科室、幫病人治療，還要研究創新。

看到我老是紅著一雙兔子眼，他們常常會問我：「累嗎？」

我以上人曾經說過的一句話回答：「只要樂在其中，就不會覺得累。」

## 專門「修理」難症

「院長，那位腦瘤患者的家屬對太太的病情很憂心，你可不可以撥空跟他解釋一下現在的病情以及未來的醫療診治方針？」站在院長室門口，顏惠美的聲音傳來。

她所說的那位腦瘤患者，是一位七十歲的太太。她的腦瘤反覆復發，前後四次手術幾乎讓她頭殼變形；更惱人的是，開刀部位的傷口遲遲難以癒合。在萬般無奈之下，他們從中部來到花蓮尋求我們的協助。

那天下午六點我與人有約，於是我請顏惠美在五點半的時候找來患者的先生。看著手上的病例報告，我告訴他：「你太太的腦子裡有好幾種細菌，我們用了很強的抗生素進行治療，也用最好的藥在監控著。你放心，腦瘤清得很乾淨，只有一些卡在血管邊，等穩定之後再用加馬刀去除就可以了。」

我向他保證，所有人都拚盡全力：「要好起來需要時間，我們整個醫療團隊都在拚命地要救活你太太。」

老先生心滿意足地向我道謝及告別。待他的身影走遠之後，顏惠美淘氣地回過頭望著我說：「是我極力推薦他們來這裡的，你可不要別讓我漏氣！」

我笑了；顏惠美賭上她三十幾年醫院志工的尊嚴，我面對這個最佳拍檔，豈可令她失望？

一直以來，我都在為急重症病人嘆息，為什麼我總是無法治癒他們？我只准許自己傷心片刻，並告訴自己沒有時間可以悲傷，我必須更加把勁，找出任何可以治癒難症的可能。

「妳放心，我就是專門在『修理』難症的，我一定會拚盡全力！」

這句話輕盈卻有力地迴盪在院長室內；這是對顏惠美的保證，也是從醫多年來對自己最深切的期許。

國家圖書館出版品預行編目資料

盤山過嶺：林欣榮教授創新之路 / 林欣榮主述；
涂心怡撰文. -- 初版. -- 臺北市：經典雜誌，
慈濟傳播人文志業基金會，2018.07 [民107]
384面；15×21公分

ISBN 978-986-96609-5-2(精裝)
1.林欣榮 2.醫師 3.臺灣傳記
783.3886　　　　107012589

# 盤山過嶺 林欣榮教授創新之路

創 辦 者：釋證嚴
發 行 者：王端正
主　　述：林欣榮
撰　　文：涂心怡
總 編 輯：王志宏
美術指導：邱宇陞
責任編輯：賴志銘
書封照片：楊國濱、劉明穗
出 版 者：經典雜誌
慈濟傳播人文志業基金會
11259臺北市北投區立德路2號
客服專線：02-28989898
傳真專線：02-28989993
郵政劃撥：19924552　經典雜誌
排　　版：尚璟設計整合行銷有限公司
印 製 者：禹利電子分色有限公司
經 銷 商：聯合發行股份有限公司
新北市新店區寶橋路235巷6弄6號2樓
02-29178022
出 版 日：2018年07月初版1刷
2023年02月初版18刷
定　　價：420 元